La antigua Roma

Descubriendo historias perdidas de la historia romana

Índice

Introducción

Los antiguos romanos eran un pueblo orgulloso. Se enorgullecían de su poderío militar, de sus inventos de ingeniería y, por supuesto, de su imperio, que se extendía por todos los continentes. Sin embargo, su orgullo no se limitaba solo a sus logros; también se extendía a cómo veían su legado. Los romanos se tomaban muy en serio su reputación y creían en el poder de la memoria. A sus ojos, ser recordado era perdurar. Emperadores, generales y héroes eran deificados tras su muerte para preservar su legado. Se construyeron estatuas y se encargaron grandes monumentos para honrarlos.

Ser olvidado, sin embargo, era morir de verdad. Cabe decir que la obsesión de los romanos por su legado tenía un lado más oscuro. De hecho, celebraban a aquellos a los que consideraban exitosos, pero los romanos también tenían una forma de asegurarse de que aquellos a los que despreciaban o incluso temían permanecieran en el olvido. Conocida como *damnatio memoriae* (traducida como «condena de la memoria»), esta era una forma de castigo para las figuras que habían perjudicado enormemente al imperio y caían en desgracia. Una vez que un individuo era sometido a este castigo (a menudo tras su muerte), los romanos hacían todo lo que estaba en su mano para eliminar las pruebas de su existencia. Las estatuas y retratos del individuo serían destruidos, su nombre sería tachado de los registros públicos, y los edificios que una vez les fueron dedicados serían demolidos, solo para ser sustituidos por otro dedicado a alguien mejor. Pero por muy meticulosos que fueran al borrar los legados de estas personas, algunas historias nunca estuvieron destinadas a quedar enterradas para siempre.

Por supuesto, no toda la historia olvidada de la antigua Roma fue el resultado de la *damnatio memoriae*. Muchos personajes simplemente lucharon por sobrevivir a la prueba del tiempo o fueron eclipsados por figuras más grandes, como Julio César, Augusto o Justiniano del Imperio bizantino. Pocos conocen a mujeres poderosas como Agripina la Joven y Livia, que controlaron en silencio la Ciudad Eterna e influyeron en las decisiones de los poderosos emperadores. Julia Domna, por ejemplo, fue una mujer de filosofía que siguió a su marido en campañas militares por todo el imperio, y, sin embargo, su nombre es desconocido para muchos.

Aunque los emperadores se encontraban en el escalón más alto de la jerarquía romana, a menudo estaban expuestos a complots de asesinato, que en ocasiones eran organizados por sus aliados de mayor confianza. Estas historias de traición e intriga política rara vez se destacan, ya que los escritores solían extenderse solo en los triunfos y éxitos de los emperadores. En nuestra versión de historias no contadas, arrojamos luz sobre emperadores que encontraron su fin no en el sangriento campo de batalla, sino a través de un arma que muchos pensaban que solo podían utilizar los débiles: el veneno.

Aunque los antiguos romanos solían enorgullecerse de su éxito en tierra, pocos conocen hoy los secretos que guardaba el mar Mediterráneo. El imperio salió victorioso de innumerables batallas, pero hubo ocasiones en las que la amenaza de los piratas llevó a Roma al borde del abismo. Pompeyo el Grande, por ejemplo, dirigió una impresionante campaña para suprimir a los merodeadores, pero su historia y su reputación se redujeron a menudo a ser el mayor oponente de César. Lo mismo podría decirse de Sexto, cuyas proezas marítimas cayeron en el olvido debido a que los historiadores antiguos quisieron nombrarlo para siempre enemigo de la República romana.

Cuando se habla de entretenimiento en la antigua Roma, uno no puede evitar imaginarse un duelo entre dos musculosos gladiadores que deben luchar hasta la muerte. Pocos conocen a los *bestiarii*, luchadores que combatían contra bestias salvajes en el Coliseo. Estas brutales luchas no eran el único entretenimiento del que disfrutaban los romanos; también existían las carreras de cuadrigas, aunque los juegos de gladiadores suelen acaparar el protagonismo en los libros y películas actuales.

Exploraremos solo una pequeña parte de la historia no contada de Roma, desde las mujeres de Roma hasta los emperadores envenenados, pasando por las rebeliones de esclavos olvidadas. Puede que la Ciudad Eterna se construyera sobre el orgullo y tuviera una larga historia de conquistas y victorias exitosas, pero las historias que Roma intentó enterrar nos muestran realmente la complejidad de uno de los mayores imperios de la historia.

Capítulo 1 - La vida de Julio César

El mar Egeo parecía sereno y pacífico para el ojo inexperto. Sin embargo, la amenaza del peligro estaba siempre presente bajo su superficie. Los piratas de Cilicia eran uno de los mayores desafíos a los que había que enfrentarse cuando se emprendía un viaje por el mar. Durante años, estos merodeadores se habían labrado una temible reputación. Sus barcos eran veloces como un águila. Aquellos con poca experiencia en el océano solo podían soñar con regresar a su patria ilesos una vez que eran avistados y perseguidos por estos feroces piratas.

Los piratas cilicios no eran los típicos bandidos. Eran una fuerza bien organizada con años de experiencia. Su riqueza procedía normalmente de diversas actividades ilegales. No solo se apoderaban de barcos mercantes y se llevaban la carga que consideraban valiosa, sino que estos piratas también secuestraban ocasionalmente a los que iban a bordo. Sin embargo, las personas que elegían para secuestrar no eran al azar; los piratas cilicios eran particulares con sus víctimas, ya que querían exigir el rescate más alto posible.

Hubo un día en que los piratas de Cilicia encontraron la víctima perfecta para secuestrar. Se encontraba a bordo de un pequeño navío romano. Los romanos no tardaron en reconocer la presencia de los barcos piratas en el horizonte. Sabiendo que no podían lanzarse a un asalto directo contra los piratas, la tripulación intentó huir. Sin embargo, sus esfuerzos fueron en vano, ya que los barcos piratas demostraron ser mucho más rápidos y ágiles. Solo pasó un momento hasta que los piratas los rodearon por completo. Sin perder tiempo, los piratas abordaron el barco romano, desenvainando cada uno sus espadas para añadir una sensación de intimidación. La lucha estaba totalmente descartada y los romanos se vieron obligados a observar cómo los piratas tomaban cautivos a algunos de ellos.

Los piratas estaban ansiosos por sacar un beneficio rápido de sus rehenes. Examinaron a una víctima en particular que parecía ser de noble linaje. Llevaba ropas finas y cada movimiento demostraba que no era un plebeyo. Empezaron a discutir el rescate del joven. Finalmente, acordaron un rescate de veinte talentos (una suma que casi equivalía al salario anual de un soldado de la época). Sin embargo, para su sorpresa, el noble interrumpió su discusión.

«¡Qué audacia! —exclamó—. ¡Está claro que no sabe a quién ha capturado si veinte talentos es la cantidad que se le ha ocurrido!»

Los piratas se quedaron atónitos. Nunca habían capturado a nadie tan audaz; normalmente, una vez que los rehenes eran llevados a bordo de su barco, se ponían a temblar o a suplicar a los piratas que les perdonaran la vida. Fue en ese momento cuando el joven reveló por fin su identidad: no era otro que el joven Julio César.

Antes de que el barco de César fuera rodeado por piratas, se dirigía a Rodas. Debía perfeccionar sus dotes oratorias bajo la tutela de Apolonio Molón, un estimado retórico griego. En la antigua Roma, era una obligación para un noble esforzarse por alcanzar la excelencia y conquistar el conocimiento. Así, César convirtió en su máxima prioridad dominar el arte de la oratoria, sabiendo bien que sería esencial para su futuro en el duro mundo político romano.

«Valgo cincuenta talentos como mínimo», anunció César, con una voz mezcla de orgullo e irritación.

Al principio, a los piratas les hizo gracia su extravagante demanda. Después de todo, César no era más que un joven por aquel entonces y su nombre aún no era muy conocido. No obstante, acabaron aceptando un rescate mayor. Sin embargo, a pesar de su edad, César estaba dispuesto a hacer valer su autoridad. Planeaba dar la vuelta a la tortilla contra los que lo habían capturado.

Permaneció cautivo —o mejor dicho, bajo custodia— durante 83 días, pero no era un prisionero típico. Nunca suplicó a los piratas que lo devolvieran a Roma. Por el contrario, se comportó como si fuera su superior. Los piratas, en cierto modo divertidos y asombrados por su comportamiento, le permitieron participar en sus actividades. César se ejercitó con los piratas y nunca se contuvo a la hora de criticar su falta de sofisticación. En una ocasión, practicó su poesía y su discurso delante de ellos, pero los piratas se burlaron de él. Nunca dispuesto a avergonzarse, César los señaló con el dedo, afirmando que no eran más que vagabundos que no tenían ni idea de conocimiento. El joven noble también dijo a los piratas que algún día volvería para capturarlos y crucificarlos, una afirmación que los piratas pensaron que era una broma.

CÉSAR

est fait prisonnier par des pirates.

Una ilustración de Julio César cautivo de los piratas [1]

Julio César era conocido por ser una persona muy decidida. Sus palabras eran mucho más que una mera fanfarronada. Todo lo que dijo se hizo realidad tras el pago del rescate. En nombre de la erradicación de la República romana de los violentos piratas, César levantó una flota meses después y buscó sin descanso a sus antiguos captores.

No tardó mucho en darles alcance. La visión de César con sus tropas probablemente hizo que los piratas que antes se reían en su cara abrieran los ojos. Ahora se enfrentaban a toda la ira del hombre al que habían subestimado. César se mantuvo fiel a sus palabras y los crucificó. Sin embargo, primero fueron degollados antes de ser atados a la cruz de madera. Mientras que algunos sugieren que fue un acto de desdén, otros afirman que César estaba mostrando su último acto de misericordia con los piratas. Los libró de la prolongada agonía de la crucifixión. Aunque nunca se podrá estar seguro de su intención en ese momento, muchos pueden estar de acuerdo en que Julio César no era un hombre con el que se pudiera jugar.

La vida temprana y la imagen de César

Siempre que se menciona el nombre de César, la imagen que suele venir a la mente es la de un poderoso general cuyas ambiciones y estrategias proporcionaron a sus legiones decenas de victorias en las provincias romanas. Algunos podrían incluso imaginar la famosa escena del general cruzando el Rubicón, su primer paso para remodelar la República romana. Julio César fue visto a menudo como la encarnación de la fuerza, un hombre que se vio colmado de grandeza nada más nacer. Para quienes no estén familiarizados con su historia, podrían incluso pensar que su camino hacia la gloria fue una serie de éxitos. Dada su educación privilegiada, no es de extrañar que muchos piensen que lo tenía todo desde el principio.

Sin embargo, los primeros años de la vida de César estuvieron llenos de luchas, contratiempos e incluso inseguridades. Aunque era un noble, César nació en el año 100 a. e. c., cuando la *gens* Julia (una de las familias patricias más prominentes de la antigua Roma) estaba políticamente debilitada. Se creía que los Julios eran descendientes de Venus, pero esto no los libró de la turbulenta política de la Ciudad Eterna. El padre de César murió cuando este tenía dieciséis años. Las responsabilidades de cabeza de familia recayeron sobre él.

Cuando César alcanzó la joven edad adulta, Roma ya había probado el caos, ya que figuras como Sila y Mario se disputaban el control. César se familiarizó con el peligro. Como tenía conexiones familiares con Mario (el acérrimo rival de Sila), se convirtió en uno de los principales objetivos de Sula. César también se había casado con Cornelia, la hija de Lucio Cornelio Cinna, que era un prominente partidario de Mario. Esto sin duda complicó su posición. Sila exigió a César que se divorciara de su esposa, pero este se negó. Fue despojado de su herencia y no le quedó más remedio que esconderse. Solo gracias a la intervención de influyentes amigos de la familia, Sila permitió finalmente que César regresara a casa, aunque Sila no confiaba del todo en él, declarando que veía «muchos Marios» en César.

En lugar de permanecer en la sombra, los peligros que asolaron los comienzos de la vida y la carrera de César solo alimentaron su ambición. Se hizo más resistente con el paso de los años y sabía que su supervivencia y éxito dependían en gran medida de las alianzas y la audacia. Sin embargo, César no podía evitar comparar sus éxitos con los de Alejandro Magno.

El rey macedonio era el mayor ídolo de César. Este estaba cautivado por las historias y leyendas de la brillantez de Alejandro. Lo sabía todo sobre las batallas del conquistador, sus estrategias e incluso su forma de inspirar lealtad a sus súbditos. Tenía a Alejandro en tan alta estima, que a menudo se sentía inseguro de sus propios logros. Según ciertos relatos históricos, César se encontró una vez con una estatua de Alejandro en España. Se dice que, tras contemplar y admirar la estatua durante un momento, rompió a llorar. Cuando le preguntaron por qué, respondió que sentía envidia del conquistador. Se lamentaba de que Alejandro hubiera conquistado gran parte del mundo cuando tenía treinta años, pero hubiera conseguido tan poco.

Por supuesto, el lamento de César no era tan solo un lamento sin fundamento; era una promesa de éxito. A partir de ese momento, la vida de César estuvo llena de búsqueda de poder y gloria.

El camino del César hacia un mayor poder

Las alianzas fuertes eran claves para dominar la esfera política romana. Por ello, una de las cosas que hizo César para fortalecer su posición fue contraer matrimonios estratégicos. Su matrimonio con Cornelia fue sin duda significativo. Pero cuando ella murió, César supo que tenía que asegurarse otro enlace, ya que podría ser un peldaño en su ascenso al poder. Después de todo, el matrimonio en la sociedad romana (especialmente entre las élites) no era un mero asunto personal. Era más que a menudo una herramienta política. Por lo tanto, se casó con Pompeya, la nieta de Sila.

Desgraciadamente, la unión terminó tras un escándalo que tuvo lugar en el año 62 a. e. c. César, que era el *pontifex maximus* en aquel momento, organizó una ceremonia religiosa en su casa. Como estaba dedicada a Bona Dea, una deidad cuyos ritos estaban estrictamente reservados a las mujeres, se prohibió la asistencia de los hombres, incluido el propio César.

El escándalo se produjo cuando un político romano llamado Publio Clodio Pulcro se coló en la ceremonia totalmente disfrazado de mujer. Se dijo que lo había hecho con la intención de seducir a Pompeya. Sin embargo, su presencia no tardó en ser descubierta. Nunca se confirmó si Pompeya conocía el plan de Publio, pero el escándalo dañó su reputación. A pesar de abstenerse de acusar públicamente a Pompeya de cualquier fechoría, César se divorció de ella. Alegó que su decisión era una obligación, ya que, como *pontifex maximus*, su esposa debía estar por encima de toda sospecha.

En el 59 a. e. c., César fue elegido cónsul. Ese mismo año, se casó con Calpurnia, la hija de Lucio Calpurnio Pisón Cesonino, un poderoso senador. Calpurnia permaneció leal a César hasta su muerte. Sin embargo, no se podía decir lo mismo de él. Julio César era conocido por su encanto e ingenio. Por ello, no debe sorprender que tuviera otros muchos amantes, probablemente tanto hombres como mujeres. Aparte de su notorio romance con Cleopatra, se rumoreó que César mantuvo una relación con Servilia, la madre de Bruto, uno de los asesinos de César.

Curiosamente, a pesar de la influencia y los éxitos que había logrado a lo largo de su vida, las fuentes afirman que César tenía inseguridades sobre su aspecto físico. Le preocupaba especialmente su escaso cabello. En un esfuerzo por ocultarlo, a menudo se peinaba hacia delante, un detalle que algunos de sus críticos y escritores antiguos señalaron con un deje de diversión.

La influencia de César brilló aún más gracias a las maquinaciones políticas del Primer Triunvirato. Tras ser nombrado cónsul en el 59 a. e. c., logró otro hito en su carrera al ser nombrado gobernador de la Galia. Aquí, César tuvo la oportunidad de demostrar su brillantez militar como general. Trabajó día y noche para llevar a cabo campañas que no solo ampliaron las fronteras de Roma, sino que también consolidaron su reputación como uno de los mayores líderes de Roma. Es seguro decir que sus conquistas en la Galia no fueron solo una exhibición del poderío romano; también fueron un medio de asegurarse la lealtad de los soldados romanos. César sabía que necesitaría la confianza de sus tropas para navegar por aguas turbulentas en el futuro.

La República romana en el 40 a. e. c. tras las conquistas de César ²

Por supuesto, como muchos otros líderes del mundo —tanto antiguos como modernos— su ascenso al poder no se debió solo a su destreza militar y a su gobierno estratégico. Se cree que algunos estuvieron implicados en numerosas operaciones encubiertas. Se cree que el propio César estuvo implicado en la conspiración de Catilina, que retrató el peligroso escenario de la política romana de finales de la república.

Esta conspiración se desarrolló años antes de que César se convirtiera en general (ocurrió en algún momento entre el 63 y el 62 a. e. c.). La conspiración fue un complot organizado por Lucio Sergio Catilina (conocido como Catilina), un aristócrata ambicioso que empezó a sentirse insatisfecho con el gobierno romano. Tras fracasar varias veces en su intento de convertirse en cónsul, el frustrado Catilina empezó a creer que el gobierno estaba corrupto. Además de estar desilusionado con el Senado, Catilina también estaba profundamente endeudado, lo que lo impulsó aún más a expresar sus opiniones. Comenzó a recabar el apoyo de otros nobles descontentos e incluso de veteranos que nunca recibieron las tierras que les habían prometido. Incluso se dirigió a los pobres de las ciudades, que sufrían penurias económicas. Su siguiente paso, según Cicerón, fue liderar un levantamiento armado. Supuestamente, planeaba asesinar a senadores clave, incluido el propio Cicerón, antes de hacerse con el control de la república.

Sin embargo, el complot fue finalmente suprimido. Cicerón, que era cónsul en aquel momento, descubrió el plan. Presentó pruebas ante el Senado, lo que condujo a la ejecución de los conspiradores sin juicio previo. Catilina consiguió huir de Roma y encontró refugio en Etruria, donde intentó reunir un ejército. Esto fracasó; fue derrotado y muerto en batalla.

Cicerón desenmascaró la conspiración de Catilina en el Senado romano [8]

En cuanto a César, algunos afirmaban que se encontraba entre los muchos que apoyaban a Catilina o que al menos mostraba simpatía por los conspiradores. Los rumores afirmaban que César debatió en el Senado sobre cómo tratar a los conspiradores; se dice que argumentó en contra de la pena de muerte y que, en su lugar, votó a favor de la cadena perpetua. Quizá fue esta acción la que hizo sospechar que estaba implicado en la conspiración. Sin embargo, los detalles exactos de su implicación son bastante turbios. No obstante, de aquí en adelante, Cicerón siempre tuvo los ojos puestos en César, juzgando cada decisión que tomaba.

Las deudas eran un problema común en la Ciudad Eterna; incluso las élites perdían el sueño por las noches pensando en ellas. César no fue una excepción. Los relatos históricos afirmaban que el propio general estaba profundamente endeudado, pero supo utilizar esto en su beneficio. En lugar de utilizar la riqueza prestada para hacer su vida cómoda y vivir en el lujo, César la utilizó para asegurarse la lealtad de varios aliados, incluso de aquellos a los que debía dinero. Utilizó la fortuna para sobornar a aquellos que en un principio no veían con buenos ojos su camino y elaboró propaganda para ampliar su red de partidarios.

César comprendió que controlar la narrativa era clave para ganar una república que estaba constantemente envuelta en guerras y escándalos. Sus *Comentarios sobre la guerra de las Galias* son un gran ejemplo de cómo moldeó la percepción pública. Su imagen pública fue realmente importante a la hora de cimentar su poder en la república. Conocido por su carisma y su capacidad para hablar a los plebeyos con la misma facilidad que a la aristocracia, César consiguió influir en las opiniones públicas negativas. A través de los *Comentarios sobre la guerra de las Galias*, pudo eludir al Senado romano y comunicarse directamente con el público romano. De este modo, consiguió presentarse como el héroe de Roma, diluyendo así los comentarios más controvertidos de sus campañas.

Su meticuloso cuidado de su imagen no terminó con los *Comentarios*. Comprendió que el encanto calculado era una necesidad para mantener tanto el poder como el apoyo de las masas. César celebraba juegos, banquetes y fiestas para ganarse al pueblo de Roma. Al hacer esto, era visto como su campeón. Al igual que los políticos modernos que crean su imagen pública a través de las redes sociales, César también se aseguró de utilizar todas las herramientas disponibles para dar forma a su imagen.

Otro de los aspectos de César que muchos no podían descartar, incluso aquellos que escribían sobre él con total parcialidad, era su excepcional memoria. Se decía que el general recordaba los nombres de todos sus hombres, lo que sin duda le granjeó el respeto de sus soldados. Para los militares, este simple gesto de recordar sus nombres era visto como una conexión personal. Sus hombres no dudaban en seguirlo a la batalla, sin importar las probabilidades.

Algunos estarán de acuerdo en que César fue una especie de icono de la moda en su época. Fue un creador de tendencias. Cuando empezó a llevar su toga de forma ligeramente diferente —a menudo se colgaba el extremo suelto sobre el hombro y el brazo—, el público empezó a seguirle. César siempre lució un aspecto bien afeitado, aunque durante el periodo republicano, los romanos preferían conservar la barba, ya que se consideraba un signo de madurez y sabiduría. Fue solo cuando Roma se transformó en imperio cuando su pueblo empezó a adoptar la práctica del afeitado.

En sus últimos años, César volvió a ganarse el favor del público cuando rechazó la realeza. Hizo famosa esta negativa durante la Lupercalia, un festival, en el año 44 a. e. c. Su aliado más cercano, el general Marco Antonio, le ofreció una diadema, que César rechazó sin vacilar. Sabía que el mayor enemigo de la República romana era la monarquía, por lo que un acto de humildad era el único modo de ganarse el corazón del público.

César rechazó la diadema durante la Lupercalia[4]

Las luchas internas dentro del gobierno romano eran habituales. Sin embargo, esto no impidió a César expresar su preocupación por los ciudadanos romanos. Mientras que las muestras de amabilidad y cuidado por parte de los líderes no eran, a veces, más que un acto, las de César eran probablemente genuinas. Esto puede verse en su testamento. Dejó instrucciones para que su villa, sus jardines y su galería de arte fueran accesibles al público. Incluso dejó sus riquezas para que fueran repartidas entre los ciudadanos. Junto con sus otras hazañas, este acto de generosidad hizo posible que su nombre fuera recordado para siempre.

El dictador y la reina de Egipto

La relación de César con Cleopatra es un tema explorado a menudo por eruditos y aficionados a la historia. Su primer encuentro fue tan dramático como estratégico. Nuestra historia comienza en el año 48 a. e. c. tras la batalla de Farsalia. Pompeyo, tras haber sido derrotado por César en la batalla, se dirigió a Egipto, donde esperaba obtener refugio del faraón reinante, Ptolomeo XIII. Desgraciadamente para el romano, el faraón ordenó su asesinato en lugar de proporcionarle refugio. Esto afectó a César, de quien se decía que estaba triste por el injusto asesinato de Pompeyo o enfurecido, ya que había planeado matar él mismo a Pompeyo. Sin embargo, esto abrió una puerta a Cleopatra, que había sido exiliada por su hermano, el faraón.

Cleopatra no perdió tiempo en planear su entrada en Egipto y conocer en persona al general romano. Cuenta la leyenda que Cleopatra hizo que su consejero de mayor confianza, Apolodoro, la llevara hasta la cámara de César en la ciudad. Como iba enrollada en una alfombra, ninguno de los guardias sospechó nada cuando Apolodoro pasó por allí. Una vez en la cámara de César, Apolodoro desenrolló la alfombra para revelar a Cleopatra en todo su esplendor. Aunque iba vestida con una sencilla túnica y tal vez una diadema rodeando su cabeza, su carisma captó inmediatamente la atención de César. A partir de ahí, ambos se convirtieron rápidamente en aliados y amantes.

Cleopatra desvelándose ante César [5]

Su unión fue algo más que un romance. Fue una de las alianzas políticas más poderosas de la historia antigua. César reconoció el valor de apoyar a la reina egipcia. La ayudó a derrotar a Ptolomeo XIII, lo que le permitió recuperar el trono egipcio. Una vez finalizada la guerra civil en Egipto, César permaneció en el reino durante un tiempo, disfrutando de un trato fastuoso. En otro episodio romántico, ambos emprendieron un extravagante viaje por el Nilo.

Egipto era un reino rico, y cimentando una relación con su reina, César podría dirigir parte de la riqueza de vuelta a la Ciudad Eterna. Cleopatra nunca escatimó en obsequiar al general con regalos. Aparte de recursos naturales y grandes sumas de dinero, Cleopatra también obsequió a César una jirafa, que más tarde llevó por las calles de Roma durante su procesión. Era la primera vez que los romanos veían un animal tan singular.

Aunque su romance con Cleopatra amplió su influencia más allá de Roma, la relación también causó revuelo en la ciudad. La mayoría de los romanos veían a Cleopatra con recelo. Después de todo, en la tradición romana, era extraño que una mujer gobernara un reino. A los romanos también les preocupaba que César pudiera acostumbrarse demasiado a las tradiciones y costumbres extranjeras. Su temor empeoró con el nacimiento de Ptolomeo César, también conocido como Cesarión, a quien Cleopatra reclamaba como heredero de César.

En el año 44 a. e. c., Julio César fue declarado dictador vitalicio, un título que no sentó bien a los romanos, que valoraban profundamente las tradiciones republicanas. Las reformas de César estaban encaminadas a centralizar el poder en sus propias manos. El Senado siempre había sido una espina clavada, así que lo reestructuró. Llenó el Senado con sus partidarios y aprobó leyes que restringían el poder de los gobernadores provinciales para garantizar su lealtad final.

César también introdujo el calendario juliano, que corregía las imprecisiones del sistema anterior; esta es la base del calendario que utilizamos hoy en día. Algunos alabaron sus reformas, pero también hubo muchos que criticaron sus decisiones. Aunque las reformas dieron estabilidad a Roma tras años de caos, también alienaron a muchos de la vieja guardia que veían signos de tiranía en los ojos de César.

Este acto de consolidación del poder sembró las semillas de su caída. El Senado se inquietó al ver que la influencia de César crecía cada día. Incluso aquellos que una vez afirmaron ser sus aliados más leales empezaron a dudar de él. Les preocupaba que César aboliera algún día la república por completo y estableciera una monarquía, con él mismo sentado en el trono. Y así, empezaron a conspirar.

Capítulo 2 - Las mujeres que gobernaron Roma

La civilización antigua se tomaba en serio los presagios. Creían que ciertos acontecimientos que se producían eran señales enviadas por la divinidad como advertencia o pista que podía conducir a los humanos por el buen camino. Las palabras de las sibilas, por ejemplo, eran muy veneradas por los romanos y los griegos. Como sacerdotisas de Apolo, se creía que el dios había otorgado a las sibilas el don de la profecía. Se pensaba que tenían acceso al conocimiento divino más allá de la comprensión humana. Sus palabras, sin embargo, solían ser crípticas. No obstante, las sacerdotisas recibían a menudo visitas de varios reyes y generales que creían firmemente que el destino de sus imperios podía predecirse a través de sus visiones.

Una de las profecías contadas por una sibila hablaba del ascenso de un gobernante nacido de una noble cuyo linaje era a la vez antiguo y puro. Cuando la profecía se difundió por la Ciudad Eterna, muchos empezaron a imaginar que podría ser el destino de su familia. Entre ellos estaba Livia Drusila, una noble perteneciente a la familia de los Claudios. Nacida en el año 58 a. e. c., Livia era la esposa de Tiberio Claudio Nerón, partidario incondicional de la República romana y firme opositor de Julio César y Octavio (más tarde conocido como Augusto César).

Livia vivió en un periodo de agitación. Sus primeros años de matrimonio distaron mucho de ser pacíficos. Cuando estalló la guerra civil, ella y su marido se vieron obligados a huir de Roma y vivir como exiliados. Durante este periodo de penurias, Livia dio a luz a un hijo, también llamado Tiberio, en el 42 a. e. c. Poco sabía ella, que este era el mismo niño que la sibila había mencionado.

Las cosas empezaron a cambiar para Livia tres años después, cuando conoció a Octavio. Algunos decían que su conexión fue inmediata. Se creía que Octavio deseaba casarse con ella en ese mismo momento, ya fuera por atracción personal o porque había oído hablar de la profecía y pensaba que Livia era la mujer que la sibila había predicho. No obstante, Livia seguía casada con Tiberio Claudio Nerón en ese momento, y estaba embarazada de su segundo hijo. Sin embargo, esto no detuvo a Octavio a pesar de que él también estaba casado con Escribonia.

El futuro emperador pronto organizó sus planes. Se divorció de Escribonia en el 39 a. e. c. El día de su separación, Escribonia dio a luz a Julia la Vieja, la única hija biológica de Octavio. Entonces, persuadió a Tiberio para que se divorciara de su esposa en aras de una ventaja política. Viendo que podía serle útil para quedar bien con Octavio, Tiberio accedió. Octavio y Livia se casaron solo tres días después de que ella diera a luz a su segundo hijo, Druso. Esta unión puso en marcha la fundación de la dinastía Julio-Claudia, que gobernaría Roma durante casi un siglo.

A partir de ahí, Livia permaneció leal a Augusto. Permaneció a su lado durante más de cuatro décadas y fue testigo de cómo su marido transformaba la república en un vasto imperio. Por desgracia, cuando Augusto murió en el año 14 de la era cristiana, la vida de Livia también cambió. Mientras que el gran emperador fue divinizado, la reputación de Livia no fue vista de forma positiva. El historiador Tácito la describió como una figura manipuladora que manejaba los hilos desde la sombra. Se pensaba que Livia solo tenía un objetivo cuando vio a Augusto tomar las riendas: despejar el camino para que su hijo Tiberio sucediera a Augusto y controlara el imperio entre bastidores. Tanto si estas acusaciones eran ciertas como si eran simples calumnias políticas, los escritores de la época nunca se contuvieron a la hora de criticar a Livia, pintándola más bien como una villana de la historia romana.

Livia no fue una simple esposa de Augusto. Su influencia sobre el difunto emperador era inmensa. Se la consideraba su consejera de mayor confianza, y lo ayudó a dar forma a las políticas y otras decisiones del imperio. A diferencia de otras mujeres poderosas de su época que mostraban su poder abiertamente, Livia pensaba que bastaba con que su influencia y su poder estuvieran ocultos tras bambalinas.

Augusto también confió a su esposa otras responsabilidades administrativas. Consciente de sus capacidades, le otorgó el poder de gestionar las minas de la Galia, que era una de las principales fuentes de ingresos del Imperio romano. Aunque los registros son escasos, bastan para confirmar que ella tuvo éxito en su papel. Su competente administración fue eficiente y aportó inmensos beneficios a las arcas del imperio.

Al igual que lo haría un emperador, Livia disponía de su propia corte con consejeros y mecenas. Gracias a ello, pudo ganarse aliados y asegurarse de que aquellos que le eran leales fueran recompensados con una buena posición dentro del gobierno. Por supuesto, Livia era consciente de la importancia de la percepción pública. Siempre tenía ojos observando cada uno de sus movimientos, por lo que era necesario que trabajara para ganarse el respeto y la admiración del público. Se tomó muy a pecho el ideal de matrona romana y cultivó una imagen de virtud y piedad.

Por supuesto, siendo una mujer de poder, especialmente durante la Antigüedad, cuando los prejuicios de género eran prominentes, Livia no estaba libre de obstáculos. El mayor de todos fue gestionar la sucesión del trono imperial. A medida que la edad iba alcanzando a Augusto, muchos empezaron a cuestionar a su sucesor. Dependía de Livia asegurarse de que su hijo fuera quien heredara el trono.

Manipulaciones, complots y persuasión eran escenas habituales en la corte del poder. Augusto favoreció inicialmente a sus nietos, Cayo y Lucio César, para sucederle. Sin embargo, Livia consiguió persuadir a su marido para que considerara a Tiberio. Incluso persuadió al emperador para que adoptara a Tiberio como su propio hijo. Por supuesto, siempre habría rivales que desafiaran los derechos de Tiberio, pero Livia utilizó todo lo que estaba en su mano para asegurarse de que su hijo se posicionara como el sucesor natural e inevitable de su marido. Aunque debatido por muchos eruditos modernos, Tácito afirmó que Livia fue la responsable de las muertes prematuras de Cayo y Lucio César. Se desconoce si esto fue cierto o no, pero al final, Livia consiguió colocar a Tiberio en el trono.

Estatuas de Livia y su hijo, Tiberio [6]

Mientras su hijo se sentaba en el trono imperial, Livia continuó expandiendo su influencia. Aunque vivió lo suficiente para presenciar el gobierno de su hijo, su relación con Tiberio fue a menudo tensa. El nuevo emperador trató de afirmar su poder de forma independiente, sin la supervisión de su madre. Livia Drusila murió finalmente por causas naturales en el año 29 de la era cristiana. A diferencia de su marido, su deificación no fue inmediata. Tiberio quizás resintió su influencia y retrasó cualquier honor póstumo. Cuando su nieto, Claudio, subió al trono años más tarde, Livia fue finalmente deificada.

Agripina la Joven

Agripina la Joven tuvo unos comienzos bastante duros. Aunque era bisnieta de Augusto (su madre era Agripina la Vieja), el trágico final de sus padres cambió su vida casi en un instante. Su padre no era otro que Germánico, nieto biológico de Marco Antonio. Fue adoptado por el emperador Tiberio. Juntos, Germánico y Agripina la Vieja fueron considerados la pareja de oro de Roma. Su dedicación al imperio, combinada con su nobleza y carisma, les granjeó el respeto de los ciudadanos romanos. Muchos veían su matrimonio como la unión perfecta de poder y gracia. Germánico ejerció una inmensa influencia sobre el ejército. Era un general popular cuya profunda lealtad a Roma era incuestionable.

En 19 e. c., todo cambió. Germánico murió repentinamente durante una campaña en Oriente. La causa era un misterio, pero casi todo el mundo creía que el culpable era el emperador reinante. Tiberio se sentía supuestamente amenazado por la creciente popularidad de Germánico. Es posible que le preocupara que Germánico pudiera robarle el trono algún día.

Entre los que sospechaban de Tiberio estaba Agripina la Vieja. En un movimiento audaz, acusó abiertamente al emperador de asesinar a su marido. Esto, por supuesto, no acabó bien. Su desafío acabó provocando su persecución. Agripina la Vieja fue enviada al exilio y, por orden despiadada del emperador, murió de hambre. Otras fuentes, sin embargo, afirman que se mató de hambre por desesperación. Sus dos hijos mayores también corrieron la misma suerte.

Tras perder a sus padres y a sus dos hermanos, Agripina la Joven y sus hermanas quedaron desprotegidas, totalmente expuestas al traicionero mundo de la política romana. A pesar de haber nacido en el seno de una familia noble, fueron tratadas con recelo por el paranoico emperador. Una vez que Agripina la Joven alcanzó la madura edad de trece años, fue casada con su primo, Cneo Domicio Enobarbo, conocido por su crueldad. Tiberio ordenó esta unión; pensó que el matrimonio eliminaría cualquier amenaza que ella pudiera suponer para el emperador.

Tiberio encontró finalmente su fin en el año 37 de la era cristiana. El trono pasó entonces a Cayo César Augusto Germánico, más conocido por su apodo de la infancia, Calígula. Con su hermano como emperador, Agripina vio el primer rayo de luz tras años de penurias.

Durante mucho tiempo, Tiberio había manchado el nombre de la familia de Calígula. Para deshacer el daño, Calígula reunió a sus hermanas y les concedió todos los honores que el imperio podía otorgar. Agripina la Joven y sus dos hermanas fueron elevadas a puestos de gran influencia y poder. Se les concedieron los títulos de «Augusta» y sus imágenes se acuñaron en monedas junto a Calígula, un honor poco común, incluso para las familias reales.

Monedas durante el reinado de Calígula en las que aparecen sus tres hermanas [7]

Por desgracia, Agripina y sus hermanas no pudieron disfrutar de este periodo de favor durante demasiado tiempo. Cuando una de sus hermanas, Drusila, murió en el año 38 de la era cristiana, Calígula comenzó a transformarse en una persona totalmente diferente. La muerte de Drusila afectó profundamente a Calígula. El emperador se había encariñado con su hermana hasta el punto en que comenzaron a circular rumores de que su relación era antinaturalmente estrecha. Calígula, quizá incapaz de procesar su dolor, se volvió paranoico, lo que lo llevó a un comportamiento errático. Roma vio los primeros signos de agitación política. La corte se volvió tensa, y Agripina se vio obligada a pasar por otro episodio de desgracia.

Sin embargo, fue en este entorno caótico donde empezaron a formarse la ambición y los instintos de supervivencia de Agripina. Acabó involucrándose en un complot para destituir a Calígula, lo que hizo para salvaguardar su futuro y evitar que Roma experimentara otro desastre. Desgraciadamente, el complot fue descubierto antes de que pudiera llevarse a cabo. Su fracaso tuvo graves consecuencias. A pesar de ser miembro de la familia real, Agripina fue humillada públicamente, despojada de sus honores y exiliada de la Ciudad Eterna. Su vida se sumió de nuevo en la incertidumbre. Sin embargo, este no fue el final de su viaje. Calígula fue asesinado por la guardia pretoriana (los guardaespaldas reales) en el año 41 de la era cristiana. Para sorpresa de muchos, el trono pasó a Claudio, tío paterno de Agripina y Calígula.

En un esfuerzo por reparar la fractura de la familia real, Claudio permitió a Agripina regresar a Roma y reunirse con su hijo, Lucio Domicio Enobarbo (llamado así por su padre del mismo nombre).

Dado que Claudio no veía a Agripina como una amenaza, se le permitió llevar una vida de realeza menor, alejada de los peligros de la corte. Durante un tiempo, Agripina permaneció entre bastidores y alejada de la mirada pública. Su atención se centró principalmente en la crianza de su hijo.

Sin embargo, Agripina y su hijo no pudieron escapar para siempre de las miradas indiscretas de los romanos. Su hijo pronto se convirtió en una figura de gran interés en Roma. Después de todo, era el descendiente más joven de Augusto. A estas alturas, Agripina era el único miembro superviviente de su familia. Su hermana menor, Livila, había sido ejecutada previamente por Calígula por traición. Por ello, Lucio era el único varón que quedaba con derecho a ocupar el trono de su tatarabuelo. Agripina era muy consciente de ello. Pero sus experiencias en la vida la hacían mucho más cautelosa. Sabía que un pequeño error podría ser desastroso. Por lo tanto, se mantuvo en un plano bajo, al menos hasta la muerte de Mesalina.

Mesalina no solo era la sobrina nieta de Augusto, sino también la esposa de Claudio. Dado que el ascenso de Claudio al trono fue una sorpresa —no figuraba entre los primeros de la lista debido a sus discapacidades físicas y a su percibida falta de ambición política—, es seguro suponer que Mesalina nunca pensó en convertirse en emperatriz. Era conocida por su belleza e inteligencia entre los ciudadanos romanos, pero su reputación cambió poco después de encontrarse en una posición de inmenso poder. Suetonio, Tácito y Casio Dio fueron algunos de los muchos historiadores antiguos que escribieron sobre Mesalina como una figura con una codicia insaciable.

Aparte de su deseo de más poder, también se decía que Mesalina tenía un gran apetito sexual. Según las fuentes tradicionales, estuvo supuestamente implicada en varias aventuras extramatrimoniales. Tácito señaló en una ocasión que Mesalina compitió una vez con una prostituta en un concurso de resistencia y lo ganó al cabo de veinticuatro horas. Aunque lo más probable es que la afirmación fuera exagerada, la historia pone de relieve cómo los historiadores romanos la retrataron a menudo como un símbolo de excesos e inmoralidad, incluso para los estándares de la Roma imperial.

Mesalina se vio envuelta en algunos complots en la corte. Se cree que orquestó la caída de varios políticos, en su mayoría senadores y ecuestres ricos. Lo hizo simplemente señalándolos con el dedo, acusándolos de traición, adulterio o cualquier otro delito importante. Debido a su influencia y poder, estas acusaciones se probaban fácilmente. Aquellos lo bastante desafortunados como para que sus nombres fueran mencionados por Mesalina, se enfrentaban a la ejecución o al suicidio forzoso. Mesalina pudo apoderarse de sus riquezas y propiedades, añadiéndolas a sus ya repletas arcas. Sus enemigos políticos vivían en constante temor, y no podían recurrir al emperador, ya que ella siempre estaría cerca, susurrando al oído de su marido que eliminara a aquellos que dieran el más mínimo signo de desobediencia.

Se podría suponer que el vínculo entre Mesalina y Claudio no se forjó por amor. Mesalina fue descrita como una mujer lujuriosa —no se sabe si esto tenía algo de cierto o era simplemente una campaña de desprestigio de sus enemigos— y la constante ausencia de su marido la inquietaba. Cuando Claudio se encontraba en Ostia en el año 48 de la era cristiana para celebrar una ceremonia de sacrificio, Mesalina hizo un movimiento que escandalizó a muchos. En una ceremonia pública, se casó con Cayo Silio, su amante. Cayo no era un desconocido para los funcionarios de la corte; era un hombre ambicioso que siempre había tenido los ojos puestos en el trono imperial. Ambos conspiraron para asegurarse el poder. Corrió la voz por toda la corte imperial, afirmando que Mesalina y Cayo estaban tramando la muerte del emperador.

Las noticias del matrimonio no tardaron en llegar a Claudio, que se negó a creerlas. Sin embargo, cierto funcionario consiguió persuadir al emperador para que creyera la noticia; este hombre era Narciso, consejero del emperador, que durante mucho tiempo había despreciado a Mesalina por instigar la ejecución de muchos senadores. Claudio regresó inmediatamente a la Ciudad Eterna y ordenó el arresto de su esposa y de Cayo Silio. Se dijo que Claudio estaba sumamente entristecido por las acciones de su esposa y bebió toda la noche. No pudo encontrar la voluntad para firmar su sentencia de muerte.

Sin embargo, Narciso no pensaba dejar escapar a Mesalina. Esta solicitó una audiencia con el emperador, pero a Narciso le preocupaba que Claudio pudiera cambiar de opinión y perdonarla. El vengativo consejero ordenó a centuriones y tribunos que se dirigieran a donde estaba retenida Mesalina y la ejecutaran. Mesalina suplicó por su vida al principio, pero viendo que no había esperanza, sostuvo con calma la punta de la espada de un tribuno contra su pecho. La hoja se clavó entonces en su piel hasta que su alma abandonó su cuerpo.

La muerte de Mesalina [8]

La muerte de Mesalina abrió una puerta de oportunidades para Agripina la Joven. En un movimiento inesperado, se casó con Claudio. Este matrimonio conmovió a la opinión pública, ya que se consideró una unión ilegal. Aún se debate por qué Claudio accedió a casarse con su sobrina, pero cambió la ley, permitiendo los matrimonios incestuosos. Agripina consolidó con éxito su posición y vio despejado su camino hacia el control del imperio.

A diferencia de Livia, que se contentaba con tener poder sobre el imperio entre bastidores, Agripina buscaba ejercer una autoridad real. No le bastaba con influir en quienes la rodeaban. Muy pronto, persuadió a su marido para que elevara el estatus de su lugar de nacimiento en Germania. Conocida como Colonia Claudia Ara Agrippinensium (la actual Colonia), el asentamiento se convirtió en una colonia romana.

Agripina también empezó a cambiar su moda. Tras estrechar lazos con el emperador, se la veía a menudo vistiendo los colores imperiales dorado y púrpura, que normalmente estaban reservados únicamente para el emperador reinante. También se sentaba junto a Claudio en la corte. Por supuesto, la visión de Agripina por todas partes en la corte imperial perturbó a muchos. En un mundo en el que los hombres dominaban el gobierno, era difícil para los funcionarios romanos reconocer el poder de una mujer. También se cree que Agripina escribió más tarde su propia autobiografía, aunque no sobrevivió a la prueba del tiempo.

Agripina permaneció en el nivel más alto de la jerarquía, junto con su marido, durante cinco años. A lo largo de este periodo, Roma apenas fue testigo de grandes intrigas políticas. No se produjeron grandes intentos de golpe de Estado ni estalló ninguna violencia significativa en la Ciudad Eterna. Claudio y Agripina estaban ocupados preparando a Nerón para ser el próximo emperador. Todo parecía ir bien hasta el 12 de octubre del año 54 e. c. En su último esfuerzo por despejar el camino para el ascenso al poder de su hijo, Agripina envenenó a Claudio.

Agripina corona a su hijo, Nerón [9]

Con Nerón, de dieciséis años, oficialmente sucesor de Claudio, Agripina se convirtió en la mujer más poderosa del imperio. Hizo acuñar su retrato en monedas y esculpirlo en frisos. Aunque su rostro aparecía a menudo junto al de Nerón, sus cabezas se representaban de igual tamaño, lo que significaba que poseían igual poder e influencia. A veces también se representaba a Agripina como la personificación de una Roma fértil que coronaba a su joven hijo. Agripina había logrado su objetivo, pero los obstáculos llegaron en forma de los celos de su propio hijo.

Durante años, Agripina había estado agudizando su ingenio y sus estrategias. Todos en la corte imperial conocían su poder, y muchos optaron por someterse a sus órdenes en lugar de ir contra ella. Nerón se dio cuenta de ello y se resintió de la inmensa influencia de su madre. Buscó formas de distanciarse de Agripina. Le prohibió participar en actos políticos y en ocasiones la humillaba tanto delante de funcionarios romanos como de delegaciones extranjeras. Nerón llegó incluso a expulsar a su madre de palacio, dejando a Agripina sin otra opción que vivir en la residencia imperial. Sin embargo, no fue tan fácil doblegar su voluntad. Agripina continuó siendo una figura formidable en el imperio durante al menos tres años más.

Sabiendo que la única forma de frenar el poder de su madre era eliminarla por completo, Nerón acabó ideando un complot para matar a Agripina. Sin embargo, asesinar a una persona de tal influencia requería una planificación cuidadosa. Dado que estaba bien relacionada, un ataque directo podría ser arriesgado y políticamente peligroso para Nerón. Así que el emperador organizó un elaborado accidente. Según su plan, Agripina debía ahogarse en el mar, pero por algún milagro, sobrevivió. La desesperación pronto consumió a Nerón, y rápidamente envió a tres hombres para terminar el trabajo.

Agripina fue asesinada a la edad de cuarenta y tres años. Nerón le negó un funeral de estado, lo que tal vez se debiera al resentimiento que sentía hacia su madre, a la que consideraba incontrolable. El emperador consiguió eliminar a Agripina, pero no logró borrar su memoria en Roma. Este fue también el principio de su caída. La popularidad de Nerón pronto decayó y su reinado se sumió en el caos.

Julia Domna

Julia Domna fue la esposa del emperador Septimio Severo. Nació en Leptis Magna, en la actual Libia, parte de la provincia romana de África.

A pesar de ser la segunda esposa del emperador, Julia Domna pasó a la historia como una de las mujeres más influyentes de Roma. Nacida en 170 e. c. en Emesa (la actual Homs, Siria), Julia era hija de Julio Bassiano, sumo sacerdote del dios del sol sirio Elagabal. No era de extrañar que tuviera profundas conexiones religiosas.

Julia se casó con Septimio Severo en el año 187 de la era cristiana, cuando Septimio aún no era emperador. Sin embargo, su nombre no era desconocido en el imperio. Como estrella ascendente tanto en el ámbito militar como político romano, Severo conocía la importancia de los matrimonios estratégicos. Después de todo, acababa de perder a su esposa, Paccia, en 186 e. c. Sabía que era importante alinearse con otra familia influyente. Fue entonces cuando Julia entró en escena. Su matrimonio trajo beneficios mutuos. Mientras Septimio se ganaba el apoyo de las provincias orientales, Julia lograba elevar su posición en el corazón del imperio. Vio a Severo como un hombre ambicioso y capaz, pero Julia también tenía sus propias habilidades.

La influencia de Julia brilló más cuando la carrera de Severo progresó. Este acabó reclamando el trono en 193 e. c., tras una serie de guerras civiles. Julia se convirtió en la consejera de mayor confianza del emperador. A ella acudía en busca de consejo sobre decisiones críticas. Su papel y su implicación en la administración del estado fueron significativos. Julia obtuvo incluso la confianza del emperador para supervisar la justicia y los asuntos financieros del imperio. Estaba muy versada en los asuntos de estado, una habilidad que no todas las emperatrices podían dominar.

Julia no estaba atada al palacio imperial. Quizá no contenta con permanecer en los seguros muros de la Ciudad Eterna, Julia acompañaba a menudo a su marido en sus campañas militares. Su presencia en estas campañas cimentó su reputación de emperatriz capaz y preocupada; se pensaba que tenía un interés genuino en el bienestar del imperio. Las tropas romanas apreciaban su decisión de estar a su lado. Su presencia más o menos solidificó su lealtad a la dinastía de los Severos. Julia recibió el título de *Mater Castrorum*, que significa «madre del campamento».

Aparte de los asuntos oficiales de estado y las tareas administrativas, Julia fue también una mujer de arte y filosofía. Una vez que transformó la corte imperial en un centro de aprendizaje y discurso filosófico, Roma comenzó a recibir muchas visitas de filósofos, eruditos y artistas procedentes de distintas partes del mundo conocido. La emperatriz estaba particularmente interesada en el estoicismo, una escuela filosófica que enfatizaba el autocontrol, la racionalidad y la virtud. También apreciaba las obras de los filósofos griegos.

La emperatriz incluso apoyó al afamado escritor griego Filóstrato para que escribiera la obra semibiográfica titulada *Vida de Apolonio de Tiana*. Vista como una figura sabia y casi divina, la historia de la vida de Apolonio fue compuesta para transmitir a los lectores mensajes sobre los ideales del paganismo clásico. Esta obra pretendía, por supuesto, contrarrestar la creciente influencia del cristianismo. Debido a su profundo interés por la filosofía, Julia fomentaba a menudo en su corte discusiones y debates en torno a estos temas, que acabaron conformando el clima intelectual de la época.

En un esfuerzo por unificar aún más a los diversos pueblos del imperio bajo el reinado de su marido, Julia se comprometió con las muchas tradiciones religiosas del Imperio romano. Aunque descendía de una familia árabe cuya devoción era el dios del sol Elagabal, Julia nunca dejó de mostrar su respeto a los dioses romanos tradicionales.

Retratos de Julia Domna, Septimio Severo y sus hijos Geta (rostro borrado) y Caracalla [10]

La vida de Julia empezó a tomar un giro más oscuro cuando Septimio murió en el 211 e. c. La emperatriz se encontró en una posición difícil cuando sus dos hijos, Caracalla y Geta, fueron nombrados coemperadores. Los hermanos estaban constantemente enfrentados, cada uno planeando subir al trono libre del otro. Julia fue la mediadora entre los coemperadores, pero mantener la paz entre ellos parecía imposible. Su rivalidad alcanzó un trágico clímax en 212, cuando Geta fue asesinado por los soldados de Caracalla delante de Julia.

Caracalla consiguió hacer realidad sus sueños y reclamó el trono para sí. Sin embargo, odiaba el hecho de que el nombre de su hermano aún perdurara en la Ciudad Eterna. El nuevo emperador buscó por todos los medios borrar la memoria de Geta de la historia. En cuanto a Julia, que entonces tenía unos cuarenta y un años, siguió siendo una figura poderosa en la corte. Su papel era bastante similar al de décadas antes; debía aconsejar a su hijo y dirigir el imperio a través del caos.

A pesar de sus consejos, Caracalla nunca fue un favorito entre los romanos. Su gobierno se caracterizó por la crueldad y los fuertes impuestos. La creciente ira entre los romanos pronto se tornó violenta en 217. Caracalla encontró la muerte mientras estaba en campaña en Oriente. No murió en batalla; fue asesinado por sus propias tropas, que posiblemente contaron con el apoyo del prefecto pretoriano, Macrino, quien se alzó como el siguiente emperador, aunque por un breve periodo.

Si bien Roma estaba agradecida por la muerte de Caracalla, Julia opinaba lo contrario. Además de enfrentarse a la repentina pérdida de otro de sus hijos, Julia también tuvo que vivir en una corte controlada por sus enemigos. Finalmente, se quitó la vida el mismo año en que murió Caracalla, marcando el declive de la dinastía de los Severos.

Capítulo 3 - Las rebeliones olvidadas de Roma

Se podía ver a un hombre mirando fijamente al espacio en blanco. Durante días había sido transportado de un pueblo a otro. Tenía las manos fuertemente atadas con grilletes y solo vestía una túnica sucia. El hombre no recordaba la última vez que había comido y bebido. El clima abrasador lo debilitaba, pero era incapaz de abandonar el mundo.

El hombre procedía de la Galia, y su pueblo acababa de perder ante los romanos en una cruenta batalla. Su familia había desaparecido, y el propio hombre había sido hecho prisionero. Iba a ser llevado a los mercados, donde sería vendido como esclavo. De ser un hombre que lo tenía todo, se vio reducido a convertirse en el botín de guerra. No tenía ningún valor, y los romanos eran ahora libres de comerciar con él como si fuera ganado.

Esta era la realidad para los que perdían en las guerras de entonces. La República romana era una fuerza a tener en cuenta. Estaba constantemente hambrienta de más poder y tierras. Las guerras se hicieron comunes, especialmente en las tierras desconocidas, más allá de sus fronteras. Los prisioneros de guerra eran los primeros en marchar de vuelta a Roma. Los que habían estado en el nivel más alto de la jerarquía eran paseados durante los triunfos. Eran exhibidos encadenados, y su última parada sería el templo de Júpiter. Aquí se determinaría el destino de los prisioneros. Los antiguos líderes, generales y reyes se enfrentarían a la ejecución o al encarcelamiento a cambio de un rescate. Los soldados rasos y los plebeyos se salvaban, solo para ser convertidos en esclavos.

Los esclavos eran una necesidad en la República romana, sobre todo cuando las grandes haciendas (llamados latifundios o *latifundĭum*) empezaron a crecer en el campo como setas. Con el tiempo se convirtieron en la columna vertebral de la economía agrícola romana, ya que estos latifundios eran los que producían grano, aceitunas y vino, recursos que alimentaban a la población de la Ciudad Eterna. Pero, por supuesto, el auge de las haciendas tuvo un terrible costo humano. Los ricos patricios necesitaban decenas de esclavos para trabajar los campos. Los esclavos eran también un símbolo de estatus para los romanos; cuantos más esclavos poseían, más alta era su reputación. Por suerte, para ellos, con cada conquista exitosa que Roma lograba llegaban más cautivos que estos terratenientes podían comprar. El mercado de esclavos más notorio se encontraba en Delos.

Al igual que la esclavitud en la historia moderna, la vida de un esclavo en la antigüedad era de un trabajo incesante. Los que eran colocados en latifundios o minas tenían que trabajar hasta que su cuerpo se rendía por completo. Todos los días estaban expuestos al sol abrasador y al frío de la madrugada. Los esclavos tenían ojos que los vigilaban desde todos los rincones. Los capataces estaban siempre dispuestos a infligir dolor a los que pillaban rezagados. Su estatus en la jerarquía romana era el más bajo; incluso los criminales liberados tenían más derechos que ellos. Por ello, no es de extrañar que fueran alojados de la peor manera posible. Los que trabajaban en el campo solían ser ubicados en barracones, cuyo interior no era más que una prisión. Tenían un techo sobre sus cabezas, pero la comida apenas les alcanzaba para subsistir. La artritis crónica y la deformación de las extremidades eran problemas comunes a los que se enfrentaban.

Sin embargo, los campos y las minas no eran los únicos lugares a los que eran enviados estos esclavos. También había quienes servían en las casas de los ricos. Denominados esclavos domésticos, sus condiciones eran ligeramente mejores que las de los que se veían obligados a trabajar al aire libre. Sus tareas solían incluir cocinar, limpiar y educar a los hijos de sus amos. No obstante, seguían estando a merced de sus dueños; cada palabra que salía de la boca de su amo era ley, y un error simple o incluso accidental podía acarrear un severo castigo. El único momento en que los esclavos podían respirar libremente era durante la fiesta de Saturnalia, donde al menos se les concedía cierta libertad.

Existía la posibilidad de que los esclavizados ganaran su libertad. Los que tenían la suerte de tener un amo decente podían ganarse su libertad tras años de buen servicio. Esto, sin embargo, era algo poco frecuente, ya que los esclavos normalmente tenían que comprar su libertad con su propio dinero. Sin embargo, aunque finalmente se libraran de las cadenas, la vida como libertos no era nada fácil. Se los seguía considerando socialmente inferiores y, la mayoría de las veces, seguían atados a sus antiguos amos mediante obligaciones permanentes.

Euno, el profeta y rey de los esclavos

En la colina rocosa de Sicilia se encontraba la ciudad de Enna, donde tuvo lugar una de las mayores revueltas de esclavos de Roma en el año 135 a. e. c. Los esclavos habían sufrido un trato inhumano por parte de sus dueños. Un rico mercader llamado Damófilo y su esposa, Megallis, eran dos de los propietarios de esclavos más crueles de la ciudad. Las palizas, el hambre y el trabajo sin descanso eran la norma para los que servían a las órdenes de Damófilo. También se practicaba el marcado de los esclavos, lo que añadía más horror a sus vidas. Megallis era tan brutal como su marido. Mostraba su vileza hacia sus esclavas sin vacilar.

Sin embargo, todo ser vivo tiene sus límites. Los esclavos, cansados y enfurecidos por sus continuos sufrimientos, empezaron a tramar la caída de sus amos y a buscar la libertad. Pero, primero, necesitaban un líder capaz. Aquí fue donde un hombre llamado Euno entró en escena.

Euno no era un simple esclavo. Sus compañeros esclavos creían que había sido dotado por los propios dioses. Aunque los registros de su vida temprana se han perdido con el paso del tiempo, se ha conservado la historia de cómo llegó a convertirse en el rey de los esclavos. A pesar de ser un esclavo, a Euno no se le encomendaron tareas típicas en la casa de su amo. En cambio, se lo utilizaba como entretenedor o «hacedor de maravillas» para los invitados. Euno tenía varias habilidades que podían encantar a los honorables invitados de su amo, como respirar fuego, contar chistes y otras actuaciones teatrales. Euno también afirmaba tener un poder divino para ver lo que otros no podían; en otras palabras, podía revelar profecías. En una ocasión, contó a los invitados que se le había acercado una diosa siria que le había dicho que un día llegaría a ser rey. En lugar de preocuparse por su afirmación, su amo y los invitados disfrutaron de su historia, pensando que no era más que una broma.

No estamos seguros de lo que pudo sentir Euno cuando su amo y los invitados consideraron sus palabras como cuentos y fábulas. Sin embargo, podemos estar seguros de que los demás esclavos le veían como algo más que un simple entretenedor. Veían en él a un líder en potencia, alguien que por fin podría conducirles a la libertad.

Los esclavos de Enna, probablemente solo esclavos de Damófilo, comenzaron a reunirse en secreto para discutir un complot. No pasó mucho tiempo hasta que decidieron buscar el consejo de Euno y escuchar sus profecías. Cuando por fin se reunieron con el animador, le hicieron una simple pregunta: ¿qué posibilidades de éxito tenían si se levantaban contra sus amos? Euno, afirmando que había oído susurros de los dioses, les dijo que los cielos estaban de su parte. Insistió firmemente en que, dado que los dioses favorecían la rebelión, por fin había llegado el momento de que se deshicieran de sus cadenas y tomaran las armas contra su amo.

Tal vez las palabras de Euno tuvieran algo de verdad y los dioses realmente favorecieran su decisión porque la República romana tenía su atención totalmente reservada en ese momento. Roma estaba preocupada por un conflicto en España. Los romanos habían estado ocupados preparándose para la guerra numantina. Esto despejó el camino para que los esclavizados en Sicilia hicieran su primer movimiento.

Con la bendición de Euno y la seguridad del favor divino, los esclavos que una vez sufrieron la opresión de Damófilo se unieron. Eran unos cuatrocientos dispuestos a golpear a quienes los habían agraviado durante años. Se dirigieron a Enna y, al amparo de la oscuridad, lanzaron un asalto. Tal vez alimentada por años de rabia contenida y desesperación, la ciudad fue arrasada. Damófilo estaba entre sus principales objetivos. Fue capturado y arrastrado por las calles de Enna por las mismas personas a las que una vez había castigado alegremente. Suplicó clemencia, pero sus gritos cayeron en oídos sordos. Fue decapitado en un teatro por su propio esclavo llamado Zeuxis.

Megallis no se libró de la ira. La mataron sin vacilar. La única persona que los esclavos perdonaron de esa familia fue su hija, que había mostrado bondad y misericordia a los esclavos en el pasado.

Su rebelión no se detuvo en Enna. Con su éxito, los esclavizados decidieron continuar su causa. Pero, por supuesto, necesitaban fuerza y número. Recurrieron de nuevo a Euno, aunque esta vez no fue en busca de consejo. Euno fue coronado como su rey en el mismo lugar donde Damófilo había sido ejecutado. A partir de entonces, el rey esclavo pasó a llamarse Antíoco, nombre que eligió en honor a los monarcas helenísticos de Oriente.

Como rey o *cyrios* («comandante supremo»), Euno no perdió ni un segundo en planear su siguiente movimiento. Irónicamente, su primer decreto se basó en la brutalidad y la violencia; ordenó la ejecución de los ciudadanos de Enna. Solo los herreros se libraron de probar sus espadas, ya que eran necesarios para forjar armas. Con Enna limpia de sus opresores —incluso el maestro de Euno, Antígenes, fue asesinado—, Euno asumió las galas de un monarca helenístico. Con ello pretendía legitimar su nueva posición e inspirar a más esclavos para que se alzaran contra sus amos.

La decisión de elegir a Euno como rey resultó fructífera, ya que en solo tres días, los rebeldes se habían transformado en una fuerza formidable. Las noticias del exitoso levantamiento se extendieron por toda la tierra, llegando a cientos de esclavos que ansiaban la libertad. Para entonces, Euno había logrado armar a seis mil hombres, todos ellos preparados para mostrar su desafío en otras partes de Sicilia.

Mientras tanto, en la ciudad costera de Agrigento (al suroeste de Enna), surgió otra figura. Conocido como Cleón, su primer movimiento se produjo tras enterarse de la victoria de Euno. Liderando una revuelta propia, Cleón reunió a los oprimidos y formó una fuerza masiva. Sin embargo, Cleón no tenía intención de rivalizar con Euno como rey. Reconoció su soberanía y se sometió al mando de Euno. Como Cleón también aportó sus fuerzas, el número del ejército rebelde creció enormemente.

Cuando las filas de los rebeldes se engrosaron, Roma decidió finalmente tomarse las cosas en serio. Preocupado por que la insurrección llegara algún día a las puertas de la Ciudad Eterna, el Senado envió a Sicilia a un pretor llamado Lucio Hipseo. Su tarea era sencilla: sofocar la rebelión y restablecer el orden en la caótica isla. Hipseo tenía motivos para confiar en derrotar a los esclavos. Las legiones romanas eran conocidas por ser muy superiores a muchas otras fuerzas de todo el mundo. Sin embargo, las cosas se torcieron rápidamente cuando los romanos pusieron sus ojos en los rebeldes.

Mientras que Hipseo disponía de ocho mil hombres, Euno y Cleón habían logrado reunir a más de veinte mil. Sin embargo, las legiones romanas no pensaban retroceder y regresar avergonzadas a la Ciudad Eterna. Por lo tanto, se sucedieron las batallas hasta que los romanos se vieron obligados a retirarse.

Una vez que se ocuparon de las legiones de Hipseo, los rebeldes ganaron confianza. Las noticias de sus triunfos corrieron como la pólvora. Tierras lejanas como el Ática y Delos empezaban a ver estallar revueltas. Los que estaban en Roma empezaban a sentirse acosados por el miedo; no solo estaban en medio de una guerra, sino que también se veían amenazados por docenas de rebeliones de esclavos.

Euno fue feroz en la consecución de su visión. Dirigió a las fuerzas rebeldes en varios lugares clave de la isla. La ciudad de Morgantina (al sureste de Enna) fue capturada junto con Tauromenium (la actual Taormina) en la costa noreste. Conquistaron todos los obstáculos que se les presentaron. Llegaron a tener tanta confianza en sí mismos que a menudo realizaban actos de burla fuera de las ciudades guarnecidas por las tropas romanas. Entre sus actuaciones favoritas se encontraban los mimos teatrales, que utilizaban para burlarse de los soldados que temblaban tras las murallas. Cada vez que lograban una victoria, se celebraban públicamente.

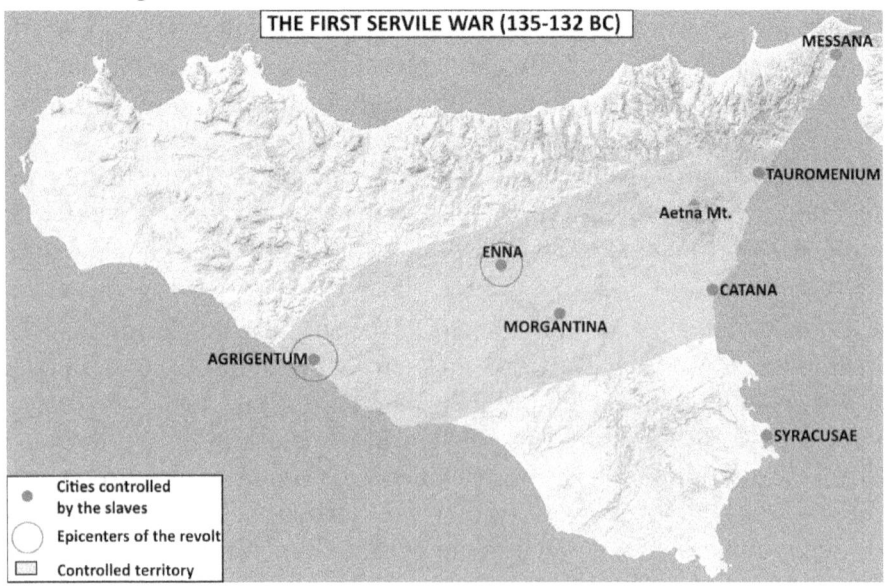

Territorios controlados por los esclavos bajo el mando de Euno [11]

Por desgracia para los rebeldes, su éxito acabaría convirtiéndose en desastre en 132 a. e. c. La República romana optó finalmente por desplegar todo su poderío en Sicilia. Las legiones romanas, bajo el mando del cónsul Publio Rupilio, asediaron victoriosamente los muchos bastiones de los rebeldes. Euno solo pudo observar cómo sus fuerzas menguaban gradualmente. El propio rey esclavo fue finalmente capturado y llevado a Roma, donde exhaló su último aliento en cautiverio. Mientras que algunos sugirieron que fue ejecutado por su desafío, otros afirmaron que recurrió al suicidio. Fuera como fuese, su viaje terminó en la Ciudad Eterna, y su muerte aplastó la esperanza de los miles de personas que lo habían seguido.

Otra rebelión

Sicilia no estaba destinada a disfrutar de la paz para siempre; fue sumida en el caos por esclavos rebeldes una vez más en el 104 a. e. c., unos treinta años después de los levantamientos de Euno y Cleón. Esta vez, cierto decreto encendió la primera chispa de la rebelión. En el 104 a. e. c., Roma se encontró inmersa en otro conflicto. Se enfrentaba a los cimbrios y los teutones, dos tribus que habían demostrado su poderío contra las legiones romanas. Con sus números menguando gradualmente, el general Cayo Mario decidió buscar la ayuda de los reyes clientes de Roma. Uno de ellos era Nicomedes III de Bitinia. Quizás desesperado por conseguir refuerzos, Mario no dudó en solicitar soldados a Nicomedes, aunque la respuesta del rey fue bastante chocante. Nicomedes afirmó que no podía ayudar a los romanos, aunque le hubiera gustado. Esto se debía a que los romanos ya se habían llevado a la mayoría de sus hombres capaces y los habían convertido en esclavos.

El general Cayo Mario apareció victorioso entre los cimbrios [12]

Debido a esto, el Senado romano se vio impulsado a actuar. Pronto se emitió un decreto que ordenaba a los romanos liberar a los esclavos que habían sido tomados ilegalmente; esto era especialmente común en regiones como Sicilia. El decreto se hizo para que estos libertos pudieran ser reclutados en el ejército romano. Sin embargo, esto solo fue el comienzo de otro episodio caótico en la República romana.

El decreto no sentó bien, especialmente a los ricos terratenientes sicilianos. Se habían beneficiado enormemente del trabajo de los esclavos. Liberarlos supondría una disminución de sus ingresos. Se resistieron al decreto, negándose a manchar su reputación y a disminuir su riqueza. El gobernador Publio Licinio Nerva se vio atrapado entre dos aguas; los terratenientes expresaban su descontento día y noche, mientras el Senado lo presionaba para que promulgara el decreto. Intentó satisfacer a ambas partes. Nerva aseguró a los terratenientes que no se preocuparan por su estatus, cediendo a la presión y liberando solo a un pequeño número de esclavos para apaciguar al Senado. Esto, sin duda, inflamó las tensiones y enfureció a los esclavos que habían estado esperando ser liberados de su tormento diario.

La primera revuelta de este periodo comenzó en las afueras de Siracusa. Ochenta esclavos se habían unido y, juntos, lanzaron un asalto y mataron a sus amos antes de construir una fortificación en una colina cercana. Las noticias llegaron inmediatamente a Nerva, pero este no disponía de suficientes hombres para asediar la fortificación. Sin embargo, Nerva era un hombre astuto y tuvo una idea para acabar con los rebeldes. Escogió a sus esclavos más leales y les ordenó que entraran en la fortificación, fingiendo traicionar a los romanos. Una vez en la colina fortificada, estos esclavos leales abrieron las puertas para que las fuerzas de Nerva irrumpieran. Los rebeldes no estaban preparados para enfrentarse a tropas romanas propiamente dichas y fueron arrollados de inmediato. La mayoría fueron masacrados, mientras que otros que sobrevivieron optaron por suicidarse antes que ser recapturados.

No obstante, las llamas de la rebelión ya se habían encendido. No mucho después del éxito de Nerva, estalló otra revuelta, esta vez cerca de Heracleia. En esta rebelión, los esclavos se cobraron la vida de Publio Clodio, un *eques* cuya riqueza era solo un escalón inferior a la de los senadores. Con su victoria, muchos otros se inspiraron para liberarse de sus cadenas. Asesinaron a los capataces y a sus amos, y corrieron a unirse a los demás en el monte Capriano. En ese momento, su número había aumentado a más de ochocientos. Nerva solo se enteró de este levantamiento cuando las fuerzas rebeldes habían crecido hasta superar los dos mil hombres.

Nerva recurrió al comandante de Enna, Marco Titinio, para hacer frente a los rebeldes. El intento, sin embargo, acabó en fracaso, lo que hizo que los rebeldes aumentaran en número y experiencia. El ejército de esclavos contaba con más de seis mil hombres tras la derrota de Marco Titinio. Había llegado el momento de que los rebeldes eligieran un nuevo líder. Eligieron a un hombre conocido como Salvio, que adoptó el nombre de Trifón, un rey seléucida. Al igual que Euno, Trifón afirmaba tener la capacidad de contar profecías y adivinaciones.

El recién elegido rey esclavo sabía que tenía que formar una fuerza mayor si quería desafiar a las otras ciudades romanas de Sicilia. Hizo que sus hombres arrasaran la campiña. Saquearon casas, se apoderaron de sus recursos y acogieron a nuevos esclavos en sus filas. Así ordenó Trifón a sus hombres hasta que consiguió amasar un ejército de veinte mil hombres. Convertido en una fuerza en toda regla, Trifón no perdió ni un minuto en enfrentarse a los romanos y acabó derrotando al propio Nerva. Con la ciudad de Morgantina cayendo en sus garras, Trifón se hizo fácilmente con el poder y dominó la parte oriental de Sicilia.

Otro líder esclavo estaba ocupado construyendo su reputación en el oeste. Conocido como Atenión, los romanos vieron otro ejército de esclavos que contaba con al menos diez mil hombres. Atenión y sus fuerzas intentaron asediar la ciudad de Lilibea, pero el esfuerzo terminó en vano. Como no pensaba rendirse, Atenión, quizá tomando ejemplo de Cleón durante la primera guerra servil, prometió su lealtad a Trifón, con la esperanza de que juntos pudieran lograr un mayor éxito. Dada su feroz determinación, Atenión fue nombrado general y consejero más cercano de Trifón. Con su liderazgo, el ejército de esclavos pudo capturar Triocala, ciudad que Trifón convirtió en su capital.

En Triocala, Trifón asumió plenamente su destino como rey. Estableció una corte formal en la que se rodeó de consejeros y generales de guerra. Incluso se puso símbolos reservados a la realeza romana, como la toga púrpura. Mientras los esclavos disfrutaban con la visión de este nuevo rey, para los romanos se trataba de su máxima pesadilla.

Sin embargo, la historia estaba a punto de repetirse de nuevo. Al igual que Euno, el reinado de Trifón no estaba destinado a durar demasiado. Pronto murió por causas desconocidas, y Atenión fue el siguiente en llevar el manto. Atenión trabajó incansablemente para mantener el impulso de la rebelión. Desgraciadamente, Atenión carecía en algunas áreas. Aunque era un líder hábil, no poseía la perspicacia política de Trifón y no tenía el don de contar profecías. La rebelión empezó a perder su fulgor.

En el año 101 a. e. c., el más grande general de Roma, Cayo Mario, fue nombrado cónsul una vez más junto a otro respetado veterano llamado Manio Aquilio. Ambos habían luchado en la guerra cimbria. Aunque los rebeldes habían perdido a Trifón y poco a poco iban perdiendo el control, seguían representando una enorme amenaza para la república. Después de todo, Sicilia era el granero de Roma, y sin su habitual suministro de grano, la Ciudad Eterna acabaría tambaleándose. No mejoraba las cosas que la guerra cimbria siguiera en curso; los romanos necesitaban desesperadamente recursos para vencer a las tribus invasoras.

Como Mario tenía las manos ocupadas en la guerra cimbria, el Senado envió a Aquilio con un ejército consular completo (unos 20.000 hombres, incluidos 2.500 de caballería) para aplastar la revuelta de los esclavos de una vez por todas. Aquileo confiaba en salir victorioso. Superaba en número a los romanos en unos diez mil hombres, y la mayoría de los rebeldes ya tenían experiencia en enfrentarse a las legiones romanas. Sin embargo, subestimó claramente la brillantez de Manio Aquilio. La guerra no era algo nuevo para él; Aquilio era un comandante experimentado que se había curtido aún más tras años de combate directo contra los cimbrios. Por lo tanto, cuando las dos fuerzas se enfrentaron en el campo de batalla, rápidamente se hizo evidente para Atenión que sus posibilidades de ganar no eran tan altas como había pensado.

Por supuesto, Atenión nunca planeó dar un paso atrás. Se encontró cara a cara con el mismísimo Aquilio. Consiguió herir al experimentado comandante en combate, pero eso no fue suficiente para cambiar las tornas. A pesar de estar sangrando por todas partes, Aquilio luchó contra el líder rebelde y finalmente lo mató. Con otro de sus reyes muerto, los rebeldes no vieron ninguna esperanza de ganar. Su determinación había disminuido y la mayoría de las fuerzas estaban desmoralizadas. Los que sobrevivieron se retiraron rápidamente a sus fortalezas, pero Aquilio se negó a dejar que se recuperaran. Él y sus hombres los persiguieron sin piedad. Una a una, estas fortalezas se convirtieron en objetivos de un asedio. Los esclavos atrapados en su interior no tenían fuerzas ni recursos suficientes para luchar. Solo tenían dos opciones: la muerte por inanición o la sumisión. Muchos eligieron esta última.

Con la sumisión de más de mil rebeldes, Aquilio logró su objetivo. Estos esclavos no volvieron a su trabajo en los campos o las minas. En cambio, fueron arrojados a la arena de gladiadores para luchar contra animales salvajes como forma de entretenimiento para los romanos. Esto era una ejecución. Sin embargo, los esclavos no terminaron con su acto de rebeldía; en lugar de luchar contra los animales, se mataron entre ellos tranquilamente, y el último se clavó una espada en el pecho.

La rebelión de esclavos más famosa de todas

La tercera guerra servil, que fue la rebelión de esclavos más famosa de la antigüedad, estalló menos de dos décadas después. Fue liderada nada menos que por Espartaco. A partir del año 73 a. e. c., se oyeron los primeros susurros de una revuelta en la escuela de entrenamiento de gladiadores de Capua.

Espartaco procedía de Tracia y se creía que formaba parte de las fuerzas auxiliares romanas. Su vida dio un giro cuando desertó del ejército romano. Tras ser capturado, fue convertido en gladiador, viviendo sus días luchando contra los hombres en la arena para que los romanos le vitorearan. Cuando Espartaco y otros setenta combatientes llegaron a su límite tras tener que someterse a duros entrenamientos y órdenes, decidieron emprender una audaz huida. Se armaron con cualquier objeto que pudieron encontrar, incluidos utensilios de cocina. A pesar de que los gladiadores carecían del equipo y las armas adecuadas, lograron abrirse camino luchando para salir de la escuela. Abatieron a cualquiera que intentara detener su huida y se dirigieron hacia el monte Vesubio.

Espartaco fue nombrado su líder y, antes de que se diera cuenta, muchos otros se unieron a sus filas. A diferencia de Euno, Cleón, Trifón y Atenión, de quienes se creía que ambicionaban derrocar a la propia república, Espartaco solo deseaba conducir a sus compañeros de lucha y a otros esclavos que se unieron a su causa fuera de Italia y lejos de las garras de los romanos. Una vez cumplida su misión, Espartaco planeaba disolver su ejército para que pudieran regresar a sus tierras natales.

Sin embargo, lo que comenzó como una huida a pequeña escala se convirtió más tarde en una guerra a gran escala. Tal vez utilizando la experiencia que adquirió formando parte del ejército romano y el entrenamiento que recibió en la escuela de gladiadores, Espartaco y sus hombres fueron capaces de derrotar a una fuerza romana tras otra. Sus fuerzas eran notablemente disciplinadas y móviles, lo que les permitió superar a las legiones romanas. En un momento dado, parecía que los romanos no tenían ninguna posibilidad de derrotar a los rebeldes.

El Senado se volvió cada vez más cauteloso, temeroso de que Espartaco llamara a su puerta con sus feroces combatientes. Su temor aumentó aún más en el año 72 a. e. c., cuando fueron testigos del inmenso crecimiento del ejército de Espartaco. A sus ojos, no se trataba de un levantamiento menor de esclavos, sino de una amenaza directa dirigida a derribar el orden romano. Solo después de que el Senado llamara a Marco Licinio Craso, los senadores pudieron por fin dormir por las noches. Con al menos ocho legiones bajo su mando, Craso comenzó su campaña, persiguiendo a los rebeldes día y noche. Craso pretendía empujar a los rebeldes hacia el sur, lo que finalmente consiguió.

La muerte de Espartaco [18]

La batalla final tuvo lugar cerca del río Silaro en el año 71 a. e. c. La única forma de desmoralizar a los romanos era matar a su comandante. Espartaco luchó contra los que tenía delante, cargando directamente hacia el corazón de las líneas romanas. Su objetivo era encontrar a Craso y asestar un golpe al propio comandante. Por desgracia, los dioses no estaban del lado de los rebeldes. Espartaco acabó muriendo en la batalla. Seis mil rebeldes sobrevivieron a la jornada, pero solo vivieron poco tiempo. Según los relatos históricos, fueron crucificados a lo largo de la Vía Apia.

Capítulo 4 - El misterio de la IX Hispana

El rey galo Vercingétorix sabía que tenía que cambiar de estrategia tras sufrir una serie de derrotas a manos de los romanos. Seguir enfrentándose a Julio César y a sus fuerzas altamente disciplinadas en campo abierto significaría una muerte segura. Así pues, Vercingétorix se retiró a Alesia en el 52 a. e. c., con la esperanza de poder

Una estatua de bronce de Vercingétorix en Francia [14]

utilizar las defensas naturales —una colina rodeada de ríos— como escudo contra los feroces romanos. Sus fuerzas habían sido desgastadas por los hombres de César, pero el rey galo se mantuvo firme. La retirada no era un signo de su derrota, sino parte de una estrategia mayor; planeaba atraer a César a un asedio y, llegado el momento, realizaría un ataque en pinza contra los romanos. Entonces, el rey galo convocaría refuerzos y aplastaría a César y al resto de sus hombres.

Sin embargo, la guerra de las Galias no fue la primera campaña militar de César. El general contaba con una amplia experiencia de años en el campo de batalla. Fue capaz de anticiparse a los movimientos de Vercingétorix. La preparación de César para el asedio fue impresionante. No solo ordenó la construcción de un doble muro —uno frente a la fortaleza y otro para proteger a los romanos de los refuerzos que llegaban—, sino que también tenía a su lado a la IX legión.

La IX legión no se parecía a ninguna otra fuerza romana. Su extraordinaria disciplina y su endurecida determinación en la batalla las separaban de las demás. Marchando bajo el estandarte del águila (símbolo de la supremacía romana), la IX legión era una fuerza a tener en cuenta. No había terreno que pudiera detener el avance de la legión, y sus tácticas de batalla eran muy eficaces. Tanto si se enfrentaban a embestidas de caballería como a asaltos de infantería, la IX legión siempre mostraba su poderío.

Cada legionario estaba equipado con las mejores armas. El *gladius* se utilizaba para asestar golpes rápidos y letales en el combate cuerpo a cuerpo, mientras que los escudos rectangulares *scutum* les proporcionaban una gran defensa contra los golpes enemigos. También iban equipados con una jabalina pesada que presentaba una punta afilada capaz de penetrar los escudos enemigos. Estas jabalinas también se doblaban al impactar, por lo que no podían ser reutilizadas por los enemigos. Además de los escudos *scutum*, los legionarios también llevaban una resistente *lorica hamata*, un tipo de armadura de cota de malla.

Una representación moderna de legionarios romanos [15]

Una estatua de un soldado que lleva la *lorica hamata* romana[16]

Cuando llegó el ejército de relevo galo, Vercingétorix se lanzó al asalto. Oleadas de guerreros galos se lanzaron contra la fortificación romana exterior, mientras las fuerzas de Vercingétorix atacaban las murallas interiores. Por desgracia para los galos, este asalto simultáneo fracasó. Las fuerzas galas lanzaron otra serie de ataques, pero los romanos resistieron. A los guerreros galos les resultó especialmente difícil atravesar los escudos de la IX legión. Se mantuvieron firmes y, si había la oportunidad, sus *gladii* no dejaban de abatir al enemigo.

Finalmente, la victoria correspondió a los romanos. Vercingétorix no tuvo más remedio que rendirse. Este fue el último gran enfrentamiento entre galos y romanos.

En cuanto a la IX legión, su estatus legendario creció a medida que seguía a César en sus numerosas campañas. Nunca podremos estar seguros del origen de la legión, pero algunos creen que existía décadas antes de que César alcanzara la edad adulta. Muchos creen que la IX legión ya estaba activa en el campo de batalla en el año 90 a. e. c., cuando Roma luchaba en la guerra social.

Podemos estar seguros de que cuando César fue nombrado gobernador de la Galia Cisalpina en el 58 a. e. c., la lealtad de la IX legión hacia él fue inigualable. Nunca se apartaron del lado del general, ni siquiera cuando César cruzó el Rubicón, lo que desencadenó la guerra civil en el 49 a. e. c. Durante todo este periodo de agitación, la legión estuvo en primera línea del campo de batalla. La IX legión fue testigo de la ira de Pompeyo, cuando su caballería atravesó las fuerzas de César en la batalla de Farsalia. Sin embargo, debido a su duro entrenamiento y a su experiencia, la legión resistió exitosamente. Su disciplina era fuera de serie y, combinada con las estrategias y tácticas de César, fueron capaces de arrollar a las fuerzas de Pompeyo. Basta decir que la legión desempeñó un papel destacado en el éxito de César a la hora de cimentar su control sobre la república.

Por supuesto, la IX legión no estaba exenta de defectos. En el año 47 a. e. c., fueron sometidas a una nueva prueba. Tras años de continuas campañas, la IX legión, junto con otras tres legiones (la VII, la X y la XII), empezaban a experimentar una fatiga extrema. No solo estaban exhaustos, sino también frustrados por las falsas promesas de recompensas. Exigieron ser licenciados, ya que llevaban más de una década en campaña. Para mostrar su descontento, los soldados de estas cuatro legiones se amotinaron.

En aquel momento, estas legiones estaban bajo el mando de Marco Antonio, que no consiguió recuperar el control sobre los amotinados. La diplomacia estaba descartada, al menos hasta la llegada del propio César. El general sabía que tenía que recuperar el control de su cuarteto dorado para ganar la lucha en su próxima campaña contra los optimates (partidarios de Pompeyo) en África. Sin embargo, César tenía poco en sus arcas; el general no podía ofrecer dinero para que los hombres volvieran a alistarse. Así que recurrió a un discurso.

Se decía que las legiones enmudecieron en el momento en que vieron a César de pie ante ellos. Comenzó su discurso dirigiéndose a los hombres no como soldados, sino como ciudadanos, lo que les indicaba que habían sido licenciados. Cuestionó su lealtad a la república y reconoció el hecho de que les debía su paga. Les dijo que cumpliría su promesa y les pagaría lo que les debía cuando regresara de la campaña africana. Habló como si ya no tuviera planes de llevar consigo a África a sus cuatro legiones favoritas, las que habían permanecido a su lado durante tanto tiempo. César también amenazó con diezmar a toda la IX legión (un castigo poco común en el ejército en el que se ejecutaba a uno de cada diez hombres).

Los soldados estaban descorazonados por su discurso. ¿Cómo podían dejar que su comandante se lanzara al el campo de batalla sin ellos? Comenzaron a rodear a César y le pidieron perdón. Suplicaron al comandante que perdonara a la IX legión. Los legionarios incluso expresaron su desesperado deseo de ser reintegrados. Aunque al principio César fingió indiferencia, cambió de opinión cuando los legionarios accedieron a entregarle los nombres de los que instigaron el motín. Entonces estos fueron ejecutados.

Habiendo sido salvada por los pelos por César, la IX legión continuó a su lado durante el resto de sus próximas campañas. Cuando César fue asesinado en el 44 a. e. c., la IX legión continuó su servicio bajo las órdenes de Octavio en su intento de alzarse como primer emperador romano. Quizá una de las mayores contribuciones de la legión bajo el emperador fue su participación en las guerras cántabras (27-19 a. e. c.).

Estas guerras fueron algunas de las más difíciles bajo el reinado de Augusto. Las tribus cántabras y astures se resistieron al dominio de Augusto. Recurrieron a tácticas de guerrilla que, la mayoría de las veces, consiguieron vencer a los romanos. A pesar de que la IX legión estaba curtida por muchas décadas de guerra, el difícil terreno y la guerra no convencional de las fuerzas cántabras supusieron un gran desafío para ellos. No obstante, los legionarios eran conocidos por su capacidad para mantener la formación y responder rápidamente a una emboscada enemiga. Combinados con su disciplina, los romanos acabaron imponiéndose. El acto de valor de la legión en Hispania fue reconocido por Augusto, que les otorgó el título honorífico de «Legio IX Hispana».

A partir de aquí, la IX Hispana fue estacionada en España para ayudar a los romanos a afirmar su control sobre los territorios recién conquistados.

La legión siguió contribuyendo al imperio durante años. En el año 20 de la era cristiana, la IX Hispana fue enviada al norte de África, donde se puso bajo el mando de Cayo Fulvio. Su misión era unirse a la III legión Augusta y ayudar en la represión de una rebelión. Liderada por Tacfarinas (un antiguo soldado romano convertido en líder de la tribu bereber Musulamii), la rebelión había sido una espina clavada en el costado del imperio. Sus tácticas de guerrilla habían desbaratado los asentamientos y las vías de suministro de los romanos. Se suponía que la llegada de la IX Hispana contribuiría al éxito de los romanos.

Sin embargo, las cosas no salieron según lo planeado. Un centurión de la IX Hispana, Decrio, tomó una cohorte de 480 hombres y lanzó un asalto directo contra las fuerzas de Tacfarinas. Los guerreros númidas demostraron ser más rápidos que los soldados romanos; consiguieron eludir sus ataques y contrarrestar rápidamente sus estocadas. Aunque Decrio luchó con valentía, finalmente murió en la batalla. La derrota fue humillante para los romanos hasta el punto de que la IX Hispana se enfrentó de nuevo a la amenaza de ser diezmada. No obstante, la legión se reagrupó y lanzó un exitoso contraataque. Tacfarinas se vio obligado a retirarse al desierto y nunca logró recuperar la victoria contra los romanos.

La IX Hispana también sobrevivió para presenciar el inesperado ascenso del emperador Claudio y se unió a su campaña de invasión de Britania en el 43 e. c. Poco se sabe de sus actividades exactas durante este tiempo en Britania hasta el 60 e. c., cuando surgió la revuelta de Boudica.

Liderada por Boudica, la reina de la tribu icena, todo comenzó con la traición de Suetonio Paulino, el gobernador romano de Britania en aquella época. No solo se anexionó directamente el territorio iceno (el difunto rey iceno había dejado su reino conjuntamente a sus dos hijas y al emperador romano), sino que los romanos también se apoderaron de los recursos y las riquezas de la tribu icena. La gota que colmó el vaso llegó cuando Boudica fue azotada públicamente mientras sus hijas eran violadas con saña por soldados romanos. A partir de aquí, Boudica trabajó para unir a varias tribus bajo su bandera y lanzó varios ataques contra asentamientos romanos.

Una estatua de Boudica y sus hijas en Londres [17]

La IX Hispana fue enviada entonces a Camulodunum (la actual Colchester, Essex) bajo el mando de Petilio Cerial. Durante su marcha, cuatro cohortes fueron repentinamente emboscadas por las fuerzas de Boudica. Llevados por la rabia, los britanos arrollaron rápidamente a los romanos. Como los superaban en número, la matanza fue inevitable; cayó casi toda la infantería. Solo Cerial y unos pocos soldados de caballería escaparon por los pelos. La pérdida fue tan masiva que la IX Hispana tuvo que ser reforzada con dos mil hombres de la Legio XXI *Rapax*.

Este no fue el final de la famosa legión. Siguieron en acción, sirviendo en Britania durante varias décadas más. Su peor desafío llegó a finales del siglo I, cuando los caledonios (tribus del norte de lo que hoy es Escocia) empezaron a enseñar los dientes. Los romanos, siempre hambrientos de más territorios, estaban invadiendo sus tierras. Para vengarse, los caledonios asaltaron múltiples puestos avanzados y asentamientos romanos. A los romanos no les quedó más remedio que lanzar otra campaña destinada a aplastar a las tribus. Dirigidas por el gobernador Cneo Julio Agrícola, varias legiones, entre ellas la IX Hispana, marcharon hacia el norte en el año 77 de la era cristiana.

Una noche en particular, los caledonios lanzaron una incursión sorpresa contra el campamento de la IX Hispana. Esto causó estragos en todo el campamento, y los soldados romanos se apresuraron a coger sus armas y mantenerse firmes. Por un momento, pareció que sería la última vez que la legión vería acción. Sin embargo, quizá gracias a las rápidas maniobras de Agrícola, pudo conseguir refuerzos de las otras legiones cercanas. Los romanos consiguieron rechazar a los caledonios y asegurar el campamento.

Los romanos obtuvieron de nuevo la victoria en la batalla del Monte Graupius en el año 83 de la era cristiana, lo que permitió a Roma consolidar su control sobre gran parte de Britania, aunque la conquista total de los caledonios aún no se había completado. Agrícola pretendía lanzar una segunda invasión para hacerse con los territorios del norte. Sin embargo, fue llamado a la Ciudad Eterna por el emperador Domiciano en el 85 e. c., ya que temía que la creciente popularidad de Agrícola supusiera una amenaza para su gobierno. Debido a esto, la campaña romana en el norte de Britania nunca llegó a su fin.

La situación en la región se volvió cada vez más precaria bajo el emperador Adriano, que subió al poder en el año 117 de la era cristiana. Adriano era conocido por desear la paz por encima de la guerra. En lugar de lanzar campañas de invasión como sus predecesores, el emperador se centró en fortificar las fronteras de Roma. Con la esperanza de mantener a raya a los caledonios, ordenó la construcción del Muro de Adriano en 122 e. c., que se extendía a lo ancho del norte de Britania. Muchos sugieren que la construcción fue el resultado de cierto acontecimiento oscuro que tuvo lugar en el ejército romano: el final de la IX Hispana.

Una teoría afirmaba que la IX Hispana encontró su perdición cuando los hombres fueron atraídos a una trampa por los caledonios. Sabiendo que Adriano siempre elegiría el camino de la paz, se creía que los caledonios habían invitado a los romanos a una reunión pacífica para discutir los términos. El comandante de la IX legión, creyendo que era una oportunidad para acabar por fin con las hostilidades en la frontera norte y también una ocasión para ganarse el favor del emperador amante de la paz, accedió a la reunión. Al tener su base en Eburacum (la actual York) en aquel momento, la legión marchó hacia el norte, a Caledonia, donde la tribu había establecido un punto de encuentro en un lugar bastante remoto.

Como era de esperar, la paz nunca fue una opción a los ojos de los caledonios. La IX legión fue recibida con una emboscada. Al estar lejos de sus refuerzos, la legión se enfrentó a una matanza despiadada. Su águila sagrada, a la que habían jurado proteger con todas sus fuerzas, cayó al suelo y ninguno de los legionarios quedó para recogerla. Mientras que algunos dijeron que los caledonios mataron hasta el último de ellos, otros sugirieron que hubo supervivientes, aunque su honor quedó destrozado en tantos pedazos que les invadió la vergüenza al recordar el suceso.

Hacia el año 120 de la era cristiana, las menciones a la IX Hispana habían desaparecido por completo de los registros militares romanos. Dos años más tarde, se creó otra legión. Conocida como la VI *Victrix*, esta legión sustituyó a la IX legión. Durante siglos, se mantuvo la teoría de que la IX Hispana había sido eliminada por los caledonios. Las legiones romanas fueron las principales constructoras del Muro de Adriano, pero curiosamente, la IX fue la única legión que no participó en su construcción. Es difícil descartar que fuera una mera coincidencia que la legión desapareciera misteriosamente justo antes de la visita de Adriano a Britania y de su encargo de construir su famoso muro. Esta teoría en particular también se ve respaldada por el descubrimiento de inscripciones con el nombre de la legión en York, donde estuvieron estacionados antes de encontrarse con los caledonios. En 1886, el mundo quedó conmocionado por otro descubrimiento. En Silchester se encontró un águila romana de bronce, que se creía que era el estandarte imperial de la legión perdida.

La inscripción que lleva el nombre de la legión descubierta en York [18]

Por supuesto, existe otra teoría que sugiere lo contrario. Algunos afirman que la IX no encontró su destino en Britania después de todo. Esto se debe a otro descubrimiento arqueológico que puso al descubierto inscripciones con las palabras «IX legión» y «Vex Brit» (que significa *Vexillation Britannica*, un destacamento de la IX Británica) en Nimega, Países Bajos. Estos hallazgos llevaron a los eruditos a argumentar que la legión podría haber sido trasladada al Rin para defender la frontera norte del imperio de las tribus germánicas. Sigue sin estar claro si esto es cierto o no.

Otra posibilidad es que la IX sellara su destino en el 132 e. c. durante la segunda revuelta de Judea (también conocida como la revuelta de Bar Kokhba). Dado que la revuelta de Judea fue calificada como la catástrofe más destructiva ocurrida en el Imperio romano en aquella época, se desplegaron varias legiones para derrotar a los rebeldes. La IX podría haber sido reasignada a Oriente y haber sido derrotada en batalla. Sin embargo, no existen pruebas concretas que apoyen esta teoría.

Si los hombres de la IX legión no fueron aniquilados durante la revuelta de Judea, podría ser plausible que cayeran en manos de los partos. Los territorios controlados por los romanos en Oriente, incluidas Armenia y Siria, fueron invadidos por el Imperio parto en el año 161 de la era cristiana. Esto desencadenó sin duda un gran conflicto entre las dos potencias colosales. Cuando se enviaron varias legiones romanas para defender el imperio de los partos, la IX pudo haber sido una de ellas, aunque estuvo entre las desafortunadas. Los partos eran excepcionalmente hábiles en la guerra a caballo y el tiro con arco, por lo que no resulta imposible que la IX hubiera sido destruida por ellos. Sin embargo, al igual que la teoría de que cayeron en Judea, esta teoría en particular no es más que una especulación.

De lo que sí podemos estar seguros es de que la IX legión desapareció por completo del registro oficial romano a partir del año 120 de la era cristiana. La razón de ello permanece como un misterio. Aparte de ser un tema de estudio para los eruditos, la desaparición de la IX también ha dado ideas a los de la industria del entretenimiento. Así, se rellenan los huecos con narraciones especulativas y diferentes escenas de batallas hacia el final de la historia. La película de 2010, *Centurión*, por ejemplo, mostraba a la IX Hispana en su última batalla contra los caledonios.

Rosemary Sutcliff escribió y publicó un libro de ficción inspirado en el misterio de la IX Hispana. Sigue a un oficial romano llamado Marco Flavio Aquila, cuya tarea consistía en recuperar el águila perdida de la IX Hispana. Esta obra de ficción se inspiró en la teoría de que la legión fue aniquilada por las tribus del norte. Esta novela también fue adaptada al cine en 2011, acercando la historia de la IX Hispana a una nueva generación de espectadores. A pesar de la falta de registros, el legado de la IX Hispana ha sido inmortalizado con gran acierto.

Capítulo 5 - Conspiraciones en el Senado

César se había despertado un poco antes de lo habitual. Sus sueños de la última noche le produjeron una sensación de inquietud, pero prefirió ignorarla. Mientras se preparaba para otro día, su esposa, Calpurnia, se acercó. Parecía mucho más perturbada que César, ya que ella misma había sufrido pesadillas sobre el fallecimiento de su marido.

«Quédate —dijo, su voz casi como un susurro—. No vayas hoy a la reunión del Senado. Tu sangre, César. La veo correr por los escalones del Senado».

César se sintió conmovido por su angustia, pero no era muy supersticioso como solía ser el típico romano. Aseguró a su esposa que no le pasaría nada. Después de todo, había sobrevivido a décadas de guerra.

«El Senado no me esperará, querida», respondió antes de marcharse.

César se encaminó por las calles y pasó junto al templo de Júpiter. De repente recordó las palabras de cierto adivino que se le acercó durante un triunfo. «Cuidado con los idus de marzo» fue lo que le dijo. Pero César tenía tantas cosas entre manos que prefirió no pensar más en ello.

Mientras tanto, en la Casa del Senado, se podía ver a Casio paseándose de un lado a otro. Estaba deseando que llegara ese día, pero tenía que estar más atento que de costumbre. Apretó con fuerza la pequeña daga oculta bajo su toga y miró a su alrededor a sus compañeros de conspiración, a saber, Casca, Bruto y Décimo. Una vez reunidos, intercambiaron miradas. Sabían que no había vuelta atrás. Aquel era el día de salvar a la república y evitar que siguiera doblegándose ante un dictador.

El Senado romano siempre había sido un centro de complots y asesinatos. El Senado era un órgano consultivo y en su día fue considerado la cuna de la República romana. Poseía una influencia significativa sobre todos los aspectos de la Ciudad Eterna, desde las decisiones legislativas hasta la política exterior y los asuntos militares. Pero, por supuesto, a medida que la república ampliaba su influencia y sus territorios, su panorama político se hacía más complejo. Muchos senadores, movidos por la codicia, trataron de superar a los demás solo para tener más control. Las alianzas cambiaban con frecuencia y la lealtad no significaba casi nada. A veces se saltaban los debates, ya que los senadores preferían herramientas como los asesinatos, las purgas, las proscripciones o los exilios para eliminar a sus rivales.

Casio afirmaba ser un firme defensor de la libertad romana. Por lo tanto, no era de extrañar que siempre hubiera visto a César con desdén. Su ascenso como dictador vitalicio significaba la erosión de los valores de la república. A sus ojos, Roma se desmoronaría sin duda bajo el mandato de César, cuya sed de poder solo iría en aumento. Si César salía vivo de la reunión, él solo podría sentarse a observar cómo el dictador utilizaba su autoridad absoluta para dejar sin poder al Senado y, con él, al concepto de democracia romana.

Lo mismo podría decirse de Casio, que haría cualquier cosa por ver la caída de César. De hecho, fue él quien plantó las semillas del descontento, especialmente en Bruto. Aunque se decía que Bruto amaba a César —el dictador no solo era su mentor, sino una figura paterna—, su amor por la república era más profundo. Creció escuchando historias de la virtud romana, e idolatraba a los hombres que nunca dudaron en arriesgar sus vidas en aras de la libertad. Es cierto que César declinó la corona en tres ocasiones, pero siguió haciendo gala de su poder supremo sobre Roma. La idea de que el gobierno de César pudiera poner fin a ese legado lo inquietaba. Casio vio esta cautela en los ojos de Bruto y vio una oportunidad para plantar las semillas de la duda en su mente.

«¡Eres el descendiente de Lucio Junio Bruto, el que expulsó valientemente al último rey de Roma! —podría haber dicho Casio—. ¿Cómo puedes quedarte de brazos cruzados mientras César se corona a sí mismo como gobernante de nuestra amada república?».

Bruto acabó comprendiendo las intenciones de Casio y estuvo de acuerdo con él: la Ciudad Eterna debía librarse de César si quería sobrevivir.

El gran dictador llegó finalmente con su acostumbrada grandeza. Se abrió paso a través del Pórtico de Pompeyo y entró en el Senado, donde fue recibido con murmullos por los senadores que empezaban a calmarse a medida que él entraba. Lo observaron avanzar a grandes zancadas, con su regia toga púrpura rozando el suelo de piedra. El silencio en el aire era pesado. De repente, como si tuvieran un asunto urgente que discutir, varios de los conspiradores se levantaron y rodearon a César. Saludaron cordialmente al dictador, aunque sus expresiones eran frías. César les atendió, intercambiando galanterías mientras lo guiaban hacia su asiento dorado.

Entonces, Tilio Cimbro se levantó y se acercó al dictador. Alegando que tenía asuntos urgentes que discutir, César centró inmediatamente toda su atención en él. El senador se apresuró a rogarle que volviera a llamar a su hermano exiliado, y César desestimó firmemente su petición. Cimbro, que tal vez ya había ensayado este movimiento la noche anterior, extendió la mano, acercándose al dictador como si quisiera suplicarle algo más. En un movimiento repentino, tiró de la toga de César para bajársela de los hombros. Poco sabía el dictador que se trataba de una señal.

El asesinato de Julio César [19]

Casca fue el primero en desplegar su daga. Su hoja se clavó en el cuerpo del poderoso dictador. Aturdido tanto por el dolor como por la traición, César miró a su primer agresor e intentó esquivar el golpe que se avecinaba. Sin embargo, su esfuerzo fue en vano, ya que Casca no era el único que se había adelantado. Uno a uno, los demás conspiradores se abalanzaron sobre él, y sus puñales hirieron brutalmente su torso. La sangre brotaba raudamente sobre el suelo de mármol, acumulándose alrededor de sus pies. César, un hombre que había sobrevivido a docenas de campos de batalla, intentó ponerse en pie, pero sus fuerzas se desvanecían claramente.

Shakespeare describió el incidente vívidamente en su obra. El dictador se tambaleó, esperando poder echar al menos una última mirada a los rostros que lo habían traicionado, los mismos hombres en los que había confiado y a los que llamaba sus amigos. Un rostro hizo que sus ojos se abrieran de par en par.

«¿Et tu, Brute?», susurró.

El hombre, al que había amado y guiado como a un hijo, se acercó lentamente al dictador, ya moribundo, con su daga desenvainada. Bruto asestó al dictador el golpe final. César se desplomó, su cuerpo sin vida cayó al suelo. Solo se oía la respiración entrecortada de los conspiradores.

El adivino siempre tuvo razón. Los idus de marzo habían llegado y se habían ido, al igual que Julio César. Los conspiradores pensaron que por fin podían respirar tranquilos, ahora que el tiránico gobernante había muerto. Pensaron que habían librado al Senado de su perdición. Sin embargo, la muerte de César no restauró la República romana como esperaban los conspiradores. Por el contrario, sumió a la Ciudad Eterna en el caos. Algunos elogiaron a Bruto y Casio, considerándolos libertadores, pero el público no los veía más que como traidores.

Las calles lloraron a César. El aliado más leal de César, Marco Antonio, mostró su dolor. No solo se vistió de luto durante un tiempo, sino que el general de guerra también se negó a afeitarse. Antonio expresó aún más su dolor durante su famosa oración fúnebre, en la que mostró al público la toga manchada de sangre de César. También fue el momento en que leyó el testamento de César y subrayó la traición del Senado. El general intentaba encender la furia del público y dirigir su ira hacia los conspiradores, lo que finalmente funcionó, ya que Roma fue testigo de otra guerra civil.

Marco Antonio, Octavio y Lépido formaron el Segundo Triunvirato con el objetivo de dar caza a cada uno de los conspiradores. Bruto y Casio pagaron el precio definitivo en la batalla de Filipos, pero la paz para Roma aún estaba lejos de alcanzarse. Cuando la frágil alianza de Octavio y Antonio llegó por fin a su fin, ambos lucharon entre sí, sumiendo a la ya destrozada república en un nuevo conflicto. Solo cuando Octavio se alzó como emperador Augusto, Roma empezó a ver la primera luz de la *Pax Romana*.

El máximo peligro de los que llevaban la toga púrpura

Aunque el emperador ostentaba la autoridad suprema, ahora que la república era cosa del pasado, los senadores, los generales y, sobre todo, los guardaespaldas imperiales (conocidos como la guardia pretoriana) seguían siendo considerados piezas clave en el traicionero juego de la política romana. Aparte de vigilar de cerca las fronteras y las tribus vecinas por si se producían revueltas o invasiones, los emperadores romanos tenían que vigilar a sus allegados. El emperador Calígula fue uno de los muchos emperadores romanos que no lo hicieron; fue asesinado en el año 41 e. c. por aquellos que tenían la tarea de mantenerlo a salvo.

Al principio, el ascenso de Calígula al trono fue muy celebrado por casi todo el mundo. Procedía de una familia distinguida. Su padre era Germánico, uno de los más grandes generales romanos. Era admirado tanto por los legionarios como por el pueblo llano, por lo que muchos albergaban grandes esperanzas en el nuevo emperador. Después de todo, los romanos habían sufrido bajo su predecesor, el emperador Tiberio, conocido popularmente por sus paranoias, ausencias y asesinatos. La corrupción era común bajo Tiberio, y el Senado no era más que simples marionetas.

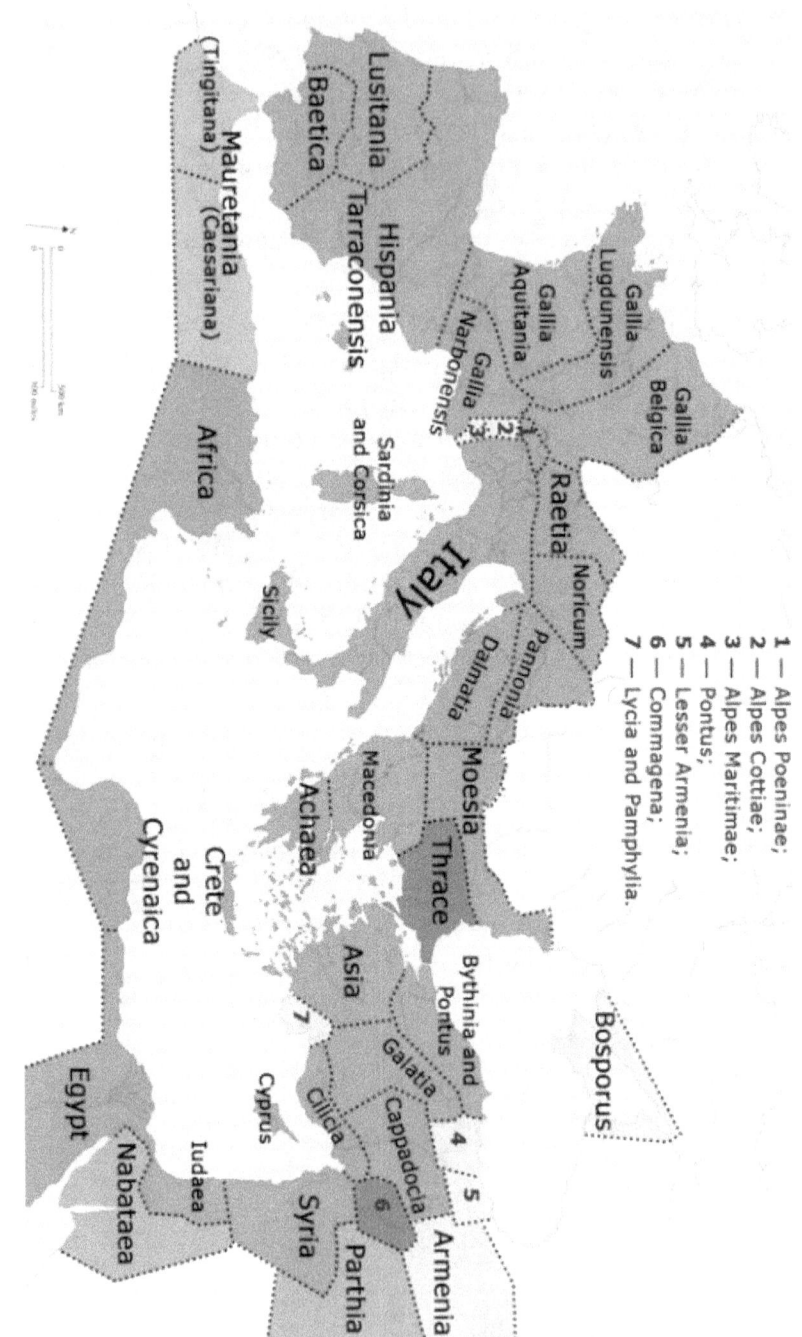

Mapa que muestra la extensión del imperio. (Rojo - Italia y provincias romanas. Azul - Países independientes. Amarillo - Estados clientes. Magenta - Incautados por Calígula. Morado - Antiguas provincias romanas convertidas en estados clientes por Calígula)[20]

Así pues, cuando Calígula se sentó en el trono, se esperaba que limpiara la Ciudad Eterna de sus desgracias y terror, lo que hizo eficazmente en los primeros meses de su reinado. No solo liberó a todos los que habían sido encarcelados injustamente por Tiberio, sino que Calígula tampoco perdió tiempo en complacer al público. Abolió los duros impuestos que habían arrastrado durante mucho tiempo a sus ciudadanos y empleó su recién adquirida riqueza en juegos y espectáculos públicos. En pocas semanas, Calígula se había ganado la admiración de las masas. Sin embargo, las cosas dieron un brusco giro cuando el emperador enfermó repentinamente.

Aunque se recuperó de la misteriosa enfermedad, pareció convertirse en una persona diferente. Lo que empezó como signos de excentricidad pronto se convirtió en una locura en toda regla. Pasó de ser un líder honorable y benevolente a un tirano. Las políticas cambiaban en función de sus cambios de humor y su comportamiento se volvía cada vez más errático y cruel a medida que pasaban los días. En una ocasión se declaró a sí mismo un dios. Era habitual que los líderes romanos fueran deificados, pero esto solo ocurría tras su muerte. Calígula llegó a exigir a sus súbditos que lo adoraran. Calígula dilapidó las arcas del imperio encargando proyectos personales, ya fueran sus propias estatuas y palacios o la construcción de barcos para su propio entretenimiento. También hay relatos que cuentan cómo el emperador, decepcionado y enfurecido con los senadores, amenazó con convertir a su caballo (conocido como Incitatus) en miembro del Senado. Incluso se complacía en burlarse y humillar a los senadores. Era casi como si la paranoia de Tiberio fuera contagiosa. Calígula purgaba a menudo su gobierno, y los senadores y otros aristócratas se enfrentaban a la ejecución o al suicidio forzoso.

Esta combinación de paranoia, crueldad y locura selló su destino. El Senado bullía bajo su errático reinado, pero no fueron los senadores quienes pusieron el último clavo en su ataúd. Fue la guardia pretoriana.

La guardia pretoriana era una unidad de élite creada por el primer emperador de Roma. Inicialmente, su tarea consistía en proteger al emperador, pero con el paso del tiempo, esta prestigiosa unidad se convirtió en una fuerza importante por derecho propio. Algunos incluso podrían describirlos como un arma de doble filo; podían hacer o deshacer a los emperadores. Su lealtad podía comprarse, pero era mucho más fácil disgustarlos, lo que podía hacerlos extremadamente mortíferos.

Calígula había abusado de ellos en repetidas ocasiones. El respetado comandante pretoriano, Casio Querea, se encontraba entre los hombres que habían experimentado de primera mano el comportamiento errático del emperador. En más de una ocasión fue objeto de burlas y menosprecio en público. Calígula insultaba a menudo su masculinidad y se refería a él con nombres despectivos como *effeminatus,* que implicaba afeminamiento. Como el comandante tenía una voz más bien suave o aguda, el emperador nunca se contuvo a la hora de hacer bromas groseras sobre cómo sonaba. En la antigua cultura romana, el honor personal, especialmente para los soldados, era de inmensa importancia. El abuso de poder y los malos tratos de Calígula contribuyeron al deseo de venganza de Querea.

La conspiración tuvo lugar durante los Juegos Palatinos (también conocidos como los Juegos Seculares) el 24 de enero del año 41 e. c. El desprevenido Calígula fue atraído primero a un corredor bajo la colina del Palatino, lejos de los ojos del público. Una vez que el emperador llegó, los miembros de la guardia pretoriana le tendieron una emboscada. Cogido desprevenido, Calígula intentó huir, pero Querea fue lo bastante rápido como para apuñalar a Calígula en el cuello. Como si se

El asesinato de Calígula [21]

tratara de un reflejo del asesinato de Julio César siglos antes, los demás conspiradores no tardaron en unirse, dejando cada uno una herida en el emperador. El emperador no fue la única víctima de la conspiración; su esposa, Cesonia, y su hija pequeña también fueron asesinadas para impedir cualquier posible reclamación del trono.

Con el trono vacante, el Senado esperaba reafirmar su poder. Sin embargo, los senadores sabían que no podían ser tan ambiciosos sin el apoyo de los militares. Al mismo tiempo, la guardia pretoriana tenía otro plan. Aunque tenían las manos manchadas con la sangre de Calígula, no tenían intención de borrar el sistema imperial. Se dirigieron a un candidato en particular para sustituir al emperador loco: Claudio, el tío paterno de Calígula. Este movimiento sorprendió a muchos, ya que nadie esperaba que Claudio llegara a llevar la corona. Se lo mantuvo al margen de la política en gran parte debido a sus supuestas discapacidades físicas (una cojera y un impedimento para hablar). Muchos vieron defectos en él, incluida su falta de ambición. La guardia pretoriana también vio estas debilidades, pero estos defectos fueron las razones por las que lo pusieron en el trono. Querían una figura maleable que asegurara sus intereses.

Hacía tiempo que el Senado había perdido sus garras, y no tuvo más remedio que aceptar a Claudio como legítimo gobernante del imperio. Claudio había vivido los reinados de tres emperadores (tenía cuatro años cuando murió su tío abuelo Augusto), así que había visto la dura realidad de lo que ocurría cuando uno se ponía la toga púrpura. Sabiendo que tanto su reinado como su supervivencia dependían del mismo pueblo que lo había puesto en el trono, Claudio recompensó a la guardia pretoriana con sustanciosos sobornos, lo que le granjeó su lealtad. Atrás quedaban los días en que los emperadores ascendían únicamente por su linaje o apoyo político. La guardia pretoriana tenía ahora el poder.

Décadas después del asesinato de Calígula, la Ciudad Eterna fue testigo de otro complot mortal para destituir a su emperador. Esta vez fue Nerón, cuyo reinado es infamemente conocido tanto por su extravagancia como por su crueldad. Al igual que Calígula, Nerón tuvo un buen comienzo. Gobernó el imperio con promesas, pero hacia el 65 e. c., su creciente paranoia, unida a su derroche en proyectos personales y a la persecución de sus rivales políticos, despertó un profundo resentimiento entre los romanos, especialmente entre los aristócratas. El emperador, obsesionado por el arte, erosionó aún más su apoyo tras el gran incendio de Roma en el año 64 de la era cristiana. Se rumorea que el fuego fue provocado por el propio emperador cuando ordenó una remoción de tierras para la construcción de su fastuoso palacio conocido como la *Domus Aurea* («Casa de Oro»). A pesar de que los incendios habían sido habituales en Roma, aquel en particular asoló la ciudad durante varios días, destruyendo más de la mitad de la misma. Curiosamente, Nerón ni siquiera se encontraba en Roma cuando se declaró el incendio.

Cuando el público empezó a apuntar con el dedo al emperador, su reacción fue culpar a los cristianos. Aprovechando la visión negativa que el público tenía de los cristianos, Nerón los acusó de ser los culpables. Los arrestó, torturó y ejecutó brutalmente. Tácito recuerda que el emperador ordenó castigos horribles. Mientras algunos cristianos eran desgarrados por perros, otros eran crucificados en el Circo de Nerón. Fueron quemados vivos y sirvieron de antorchas en el jardín del emperador.

Finalmente, los romanos se hartaron de las violentas farsas del emperador. Cayo Calpurnio Pisón era un aristócrata bien relacionado y respetado tanto por las élites como por los plebeyos. Pisón era conocido por sus dotes oratorias. Su casa era un lugar de reunión para aquellos que deseaban en silencio el retorno del sistema republicano. Se reunían a menudo para criticar el brutal gobierno de Nerón, pero hacia el 65 e. c., sus quejas se habían convertido en la discusión de un complot. Junto con un grupo de senadores, ecuestres e incluso la guardia pretoriana, el grupo planeaba derrocar a Nerón y poner a Pisón en la cima, ya que creían que tenía la capacidad de restaurar el orden y el respeto en el imperio.

Conocida como la conspiración de Pisón, en ella participaron unos cuarenta hombres, entre ellos Séneca, el antiguo tutor de Nerón. Su estrategia era bastante sencilla. Debían asesinar al emperador durante una representación pública en el Circo Máximo y declarar a Pisón como el nuevo gobernante. Como contaban con el apoyo de la guardia pretoriana, se suponía que el plan saldría bien. Sin embargo, la conspiración fue frustrada antes incluso de que pudiera comenzar. Uno de los conspiradores, Milico, decidió traicionar al grupo. El liberto acudió al consejero de confianza de Nerón, Tigelino, y le reveló los detalles del golpe de Estado. Como era de esperar, Nerón, que ya luchaba contra la paranoia como sus predecesores, actuó precipitada y brutalmente. Se inició una implacable purga en toda la Ciudad Eterna, dirigida no solo contra los conspiradores, sino también contra cualquiera que fuera sospechoso de deslealtad. Pisón y Séneca se vieron obligados a suicidarse.

El gran incendio de Roma²³

La conspiración había fracasado terriblemente. Nerón solo se volvió más paranoico y estaba en guardia día y noche. En cuanto al Senado, fue humillado aún más al reanudarse el reinado de terror de Nerón. Finalmente, se produjeron una serie de convulsiones políticas y militares. Las revueltas asolaron el imperio y los guardaespaldas reales de Nerón se volvieron contra él. Nerón fue finalmente declarado enemigo público por el mismo Senado, al que había humillado constantemente. Cuando finalmente no tuvo otra salida —incluso después de huir de Roma y esconderse en una de las villas de sus libertos— Nerón se apuñaló a sí mismo en la garganta.

Cicerón, cuyos discursos y palabras le costaron la vida

Por supuesto, los emperadores y los dictadores no fueron los únicos que se convirtieron en objetivo de asesinato. Incluso los senadores tuvieron la posibilidad de encontrar la muerte de forma brutal. Una de esas figuras trágicas fue Marco Tulio Cicerón, que vivió antes de que Roma se convirtiera en un imperio. Además de miembro del Senado, Cicerón fue también un hábil orador, cuya vida estuvo dedicada a defender los fundamentos de la República romana.

Nacido en el año 106 de nuestra era, Cicerón lo tenía todo. Nació en el seno de una acaudalada familia ecuestre. No fue ni soldado ni general de guerra; el senador fue descrito por muchos como un hombre de palabras, leyes y política. Fue nombrado cónsul en el año 63 a. e. c. y pulió su reputación cuando frustró la conspiración de Catilina. Cicerón contribuyó en múltiples ocasiones a salvar a la república de revueltas internas. Por ello, no fue una sorpresa cuando Cicerón prometió su apoyo a Pompeyo Magno durante la guerra civil de César.

Siempre un hombre de política, el senador buscó la reconciliación tras la victoria de César, quizá creyendo de algún modo que Roma aún podía salvarse y que sus raíces republicanas podían restablecerse plenamente. Sin embargo, todo cambió cuando César fue asesinado. El poder se dividió rápidamente entre un nuevo grupo de líderes: Marco Antonio, Octavio y Lépido. Marco Antonio, en particular, era considerado una amenaza para la República romana, al menos a los ojos de Cicerón. Este veía a Antonio como una figura corrupta y tiránica. La relación de Antonio con Cleopatra impulsó a Cicerón a lanzar críticas aún más negativas contra el general. Sin César (Cicerón sabía que no podía actuar cuando el dictador estaba vivo, ya que Antonio era su mejor amigo y aliado), Cicerón era libre para atacar. Lanzó una serie de discursos conocidos como las *Filípicas*, que seguían el modelo de las oraciones de Demóstenes contra Filipo de Macedonia. Estos discursos se pensaron como una forma de derrocar a Marco Antonio. Etiquetaron al general como un grave peligro para la libertad romana y actuaron como una súplica para que el Senado adoptara una postura contra él.

Algunos senadores no tardaron en unirse a la causa de Cicerón. Sin embargo, este éxito también firmó su sentencia de muerte, ya que Antonio comenzó a tramar su venganza. La vida de Cicerón se vio amenazada cuando se formó el Segundo Triunvirato. Marco Antonio, Augusto (entonces Octavio) y Lépido unieron sus manos y elaboraron una lista de proscripción, que contenía los nombres de sus enemigos. Estos nombres fueron marcados para la muerte y sus propiedades fueron confiscadas. Antonio insistió en que se incluyera el nombre de Cicerón en la lista. Octavio dudó al principio, ya que Cicerón le había mostrado su apoyo durante los primeros años de su carrera. Sin embargo, a fin de mantener la alianza con Marco Antonio, cedió.

Soldados a las órdenes de Marco Antonio sacaron a Cicerón de su litera [33]

Con los triunviros apuntando a su cabeza, Cicerón planeó huir de Roma. Primero buscó refugio en su villa de Formia antes de partir por mar. Desgraciadamente para el senador, los soldados de Antonio le siguieron la pista. Sabiendo que había llegado su hora, cuenta la leyenda que Cicerón aceptó su destino con calma. Extendió el cuello y pronunció la famosa frase: «No hay nada apropiado en lo que estás haciendo, pero al menos hazlo bien».

La cabeza cortada de Cicerón, inspeccionada por Fulvia, la esposa de Marco Antonio [34]

Aunque el último acto de Cicerón fue de dignidad, sus enemigos no pensaban actuar igual. Los soldados le cortaron la cabeza y las manos. Estas partes de Cicerón fueron llevadas de vuelta a la Ciudad Eterna, donde fueron clavadas en la Rostra, una gran plataforma, en el Foro Romano. Irónicamente, esta era la misma plataforma en la que Cicerón había pronunciado una vez sus discursos defendiendo la República romana y condenando la tiranía. La visión de las partes de su cuerpo cercenadas sirvió de vil advertencia a otros que osaran siquiera pensar en oponerse al Triunvirato.

Capítulo 6 - El culto de Mitra

Las sociedades secretas no se limitan únicamente al mundo moderno. Han existido durante siglos. Sus reuniones y debates solían estar envueltos en misterio y, la mayoría de las veces, en intrigas controvertidas. Los rituales secretos eran comunes entre los miembros de este tipo de sociedades, y cada uno de ellos prestaba juramentos y códigos de conducta conocidos solo por sus miembros. Los propósitos de estas sociedades variaban; algunas buscaban proteger un determinado conocimiento, otras pretendían ejercer el poder y algunas eran de naturaleza espiritual. Lo único que tenían en común era su necesidad de secreto, ya que pretendían ocultar sus verdaderos motivos y acciones al resto del mundo.

Hoy en día, muchos pueden estar familiarizados con los Illuminati y los caballeros templarios. Fundados en Baviera en 1776, los Illuminati eran un movimiento intelectual cuyo objetivo era promover los ideales de la Ilustración y oponerse al control religioso y estatal. Sin embargo, con el paso del tiempo surgieron diferentes visiones de la sociedad, muchas de ellas basadas en teorías conspirativas. En la actualidad, muchos afirman que los miembros de los Illuminati son quienes controlan en secreto los sistemas políticos y económicos mundiales.

Los caballeros templarios, por su parte, se fundaron en el siglo XII. Creada por una orden medieval de monjes guerreros, su misión era proteger a los peregrinos cristianos que viajaban a Tierra Santa. Los caballeros también fueron famosos por su papel en las cruzadas.

Estos caballeros eran conocidos por sus mantos blancos con una cruz roja y sus estrictos votos de pobreza, castidad y obediencia. Participaron en las primeras actividades bancarias (lo que los convirtió en una de las primeras organizaciones en prestar servicios financieros como préstamos y custodia de valores) y generaron una fortuna gracias a las donaciones de reyes y nobles. Su riqueza e influencia provocaron su caída.

En el siglo XIV, el rey Felipe IV de Francia, de quien se decía que estaba muy endeudado con los templarios, los acusó de herejía. Fueron arrestados y se confiscaron sus bienes. En 1312, la orden había sido disuelta y algunos de sus miembros sometidos a ejecución. La repentina caída de la orden pronto dio lugar a diversas teorías conspirativas. Mientras que algunos creen que se habían hecho demasiado poderosos para que la clase dirigente los tolerara, otros pensaban que guardaban conocimientos secretos o tesoros como el Santo Grial o el Arca de la Alianza.

Si viajáramos más atrás en el tiempo, cuando Zeus y Poseidón todavía eran adorados activamente y las pirámides seguían construyéndose, podríamos encontrar otras sociedades secretas. Tanto el culto de Isis como el culto de Dionisio desempeñaron un gran papel en la vida religiosa y social del mundo antiguo.

Mientras que el culto de Isis se originó en el antiguo Egipto y se estableció para adorar a la diosa de la fertilidad y la magia, Isis, el culto de Dioniso se formó en la antigua Grecia. Popularmente conocido como el dios del vino, la fertilidad y el éxtasis, Dioniso era adorado de forma diferente a Isis. Los ritos del culto incluían la bebida, la danza y el desenfreno. Sus rituales estaban diseñados para romper las normas y limitaciones sociales, permitiendo a los adoradores experimentar una sensación de libertad frente a las rígidas estructuras de la sociedad griega. Por supuesto, estos ritos no sentaban bien a las autoridades; eran vistos como una fuente potencial de malestar social. Para evitar cualquier contratiempo, el culto de Dioniso operaba en secreto, con sus miembros jurando proteger los misterios de su culto.

En la antigüedad, era normal que surgiera una sociedad secreta o un culto a partir del culto a un dios determinado. El culto de Mitra cautivó la imaginación de muchos en el siglo I de nuestra era. El culto era popular entre los militares romanos. El culto de Mitra tenía en alta estima a la deidad Mitra, aunque no se lo adoraba abiertamente en los templos romanos como a los dioses del Olimpo. De hecho, Mitra era una figura de culto oculta a la mirada pública. Los rituales relacionados con la deidad solo eran practicados por unos pocos elegidos.

Mitra pertenecía originalmente al panteón persa, donde se lo reconocía como un poderoso ser divino asociado con la luz, la verdad y el orden cósmico. Siendo una de las figuras centrales de la religión zoroástrica, también se pensaba que Mitra era el mediador entre el dios supremo conocido como Ahura Mazda y la humanidad. Como guardián del equilibrio cósmico, la tarea de Mitra era mantener la justicia y la verdad en el mundo. Debía supervisar los contratos y los juramentos al tiempo que se aseguraba de mantener a raya a las fuerzas del caos y la oscuridad.

Por ello, su culto entre los persas se centraba en su papel como protector de los fieles y del dios que mantenía la justicia. Su representación habitual era la de una deidad solar que cabalgaba en un carro por el cielo, asegurándose de que el sol brillara sobre la tierra. Por supuesto, con el paso del tiempo, el culto a Mitra se transformó, sobre todo cuando la influencia de Persia entró en contacto con otras culturas más allá de sus fronteras.

Lo mismo podría decirse del Imperio romano a medida que expandía sus fronteras hacia el este. Aunque los romanos conquistaron muchos territorios, poniéndolos bajo la bandera del imperio, no se privaron de adaptar nuevas tradiciones y creencias religiosas originarias de estas regiones; el culto a Mitra fue, sin duda, una de ellas. El culto a Mitra comenzó con los soldados romanos estacionados en las provincias orientales (en particular las de las actuales Turquía y Siria). Tal vez impresionados por las cualidades guerreras del dios persa y sus asociaciones con la lealtad, la verdad y la victoria sobre la oscuridad, los militares romanos encontraron un sentido de propósito en admirar al ser divino. Después de todo, los soldados estaban muy lejos de casa y se enfrentaban constantemente a la violenta amenaza de la guerra. Mitra les ofrecía una sensación de protección y fortaleza.

Cuando estas legiones romanas regresaron a la Ciudad Eterna tras años de campaña en el este, trajeron consigo nuevas ideas religiosas. Mitra se integró plenamente en la religión romana. Aunque la mayoría de los atributos del dios permanecieron, Mitra no era exactamente igual que en la mitología persa. En Roma, Mitra fue introducido como el dios de los soldados. Era un símbolo de disciplina, lealtad y victoria. Su papel de mediador se mantuvo, aunque adquirió un nuevo significado en el mundo romano; los miembros del culto a Mitra se veían a sí mismos como parte de una lucha cósmica entre las fuerzas del orden y del caos.

Los descubrimientos arqueológicos nos han revelado hasta qué punto floreció el culto a Mitra en todo el Imperio romano. Uno de los descubrimientos más significativos fue el mitreo, o templo dedicado a Mitra, hallado en Carrawburgh, un yacimiento a lo largo del Muro de Adriano en Gran Bretaña. El Muro de Adriano era una fortificación defensiva romana, y Carrawburgh era un puesto militar avanzado. Este templo subterráneo, con un altar y relieves de Mitra matando a un toro, demuestra que incluso los soldados destinados en lugares lejanos, como los confines del Imperio romano en Britania, practicaban el mitraísmo. No se trataba, por supuesto, de un toro cualquiera. Según el mito, el toro representa a una criatura cósmica primigenia, cuya muerte dio origen a la vida. Cuando Mitra realizaba el sacrificio conocido como tauroctonía, se creía que el cuerpo y la sangre del toro habían generado nueva vida, un ritual que simbolizaba el ciclo de la vida, la muerte y el renacimiento.

El mitreo también podía encontrarse en el corazón del propio imperio. Situado en Roma bajo la basílica de San Clemente, el mitreo fue redescubierto por primera vez en el siglo XIX. Sus intrincados frescos y tallas que representaban al dios persa seguían intactos. Este descubrimiento confirmó la profunda conexión entre el culto y la élite de la sociedad romana. En la ciudad portuaria romana de Ostia, los arqueólogos descubrieron varios templos dedicados a Mitra. Solo uno estaba bien conservado, pero arrojó luz sobre las actividades que realizaban los miembros del culto. El templo contaba con bancos de piedra dispuestos a lo largo de las paredes, que los eruditos creen que se utilizaban para los banquetes rituales, una actividad común entre los miembros de los cultos.

Las ruinas del Mitreo en Ostia Antica, Italia[26]

Los mitreos eran únicos. A diferencia de los grandes templos de Júpiter, Marte o Apolo que salpicaban las ciudades del imperio, los mitreos eran típicamente de menor tamaño. Construidos normalmente dentro de cuevas subterráneas, era habitual que los templos estuvieran solo tenuemente iluminados. Este entorno subterráneo no se debía únicamente al diseño. Era simbólico de la naturaleza oculta del culto y representaba el viaje de la oscuridad a la luz. También se pensó que la atmósfera cavernosa era un reflejo del escenario mitológico donde Mitra mató al toro sagrado. Aunque los mitreos no eran tan espaciosos como los grandes templos de Roma —solo podían albergar a unas pocas docenas de miembros al mismo tiempo—, los espacios eran más íntimos, lo que permitía que se formara una hermandad muy unida entre los iniciados.

Cada mitreo presentaba una pieza central, una imagen de Mitra matando al toro. Se podía ver a la deidad posando heroicamente mientras clavaba una daga en el cuello de un poderoso toro. Esta escena iba acompañada de varios animales más, entre ellos un perro, una serpiente y un escorpión. Los eruditos creen que esta iconografía también representaba la lucha cósmica entre la vida y la muerte, y la luz y la oscuridad. Se creía que la sangre del toro, en la creencia mitraica,

73

aportaba fertilidad y renovación, mientras que el acto del sacrificio simbolizaba la victoria del orden sobre el caos. Para los miembros del culto, la imagen era un recordatorio de su papel en esta batalla cósmica y de que se habían alineado con las fuerzas de la luz, representadas por Mitra.

El culto presentaba varias similitudes con otras sociedades secretas de nuestro mundo moderno; su atractivo residía en su exclusividad y secretismo. Aquellos que elegían formar parte de sus misterios estaban unidos en hermandad, con Mitra reconocido como su líder divino. Tal vez fuera este mismo sentimiento de camaradería el que atrajo a muchos soldados del imperio a hacer un voto y convertirse en iniciados del culto.

No todas las almas podían entrar en el culto de Mitra. Sus enseñanzas, ritos y rituales se mantenían en secreto, conocidos solo por los iniciados que se habían sometido a una serie de complejos y simbólicos ritos de iniciación. Estos ritos no eran solo un requisito para el ingreso; estaban diseñados para poner a prueba la fuerza física y espiritual del iniciado, de modo que pudiera prepararse aún más en un viaje más profundo hacia la comprensión de los misterios cósmicos asociados a Mitra.

Para entrar en el culto, los iniciados debían de pasar por siete niveles de iniciación. Cada uno de estos niveles representaba un estado superior de comprensión espiritual y conexión con Mitra. Aparte de ser simbólicas, estas etapas también eran prácticas, ya que cada una conllevaba deberes y responsabilidades específicas. El primer nivel de iniciación se conocía como *Corax* (Cuervo). El rango más bajo de los siete, *Corax* estaba asociado con el elemento del aire. Los iniciados en esta etapa estaban simbólicamente conectados con el cuervo, un ave que servía a Mitra y llevaba mensajes. Era también cuando un iniciado prestaba juramento de lealtad al culto y al propio Mitra; era el comienzo mismo de su viaje espiritual.

El segundo nivel era *Nymphus* (Novio), que se asociaba con el agua, que simbolizaba la pureza y la transformación. En este nivel, los iniciados asumían el papel de un novio y se desposaban metafóricamente con Mitra. Esto representaba un vínculo o compromiso con la fe. El tercer nivel de iniciación era *Miles*. Los de este nivel eran considerados soldados de Mitra, lo que enfatizaba la naturaleza militarista del culto. Los iniciados debían mostrar valor y dedicación en la batalla al servicio de Mitra.

El cuarto nivel se denominaba *Leo*. Asociado al fuego y a la imagen de un león, este nivel marcaba un avance significativo en el culto. Los iniciados que alcanzaban este nivel eran considerados guardianes del Mitreo, y su principal responsabilidad era mantener el espacio sagrado. Una vez superado este nivel, los iniciados pasaban al quinto nivel, *Perses*. Llamado así por el origen persa de Mitra, este nivel simbolizaba la sabiduría espiritual. Los iniciados eran vistos como intermediarios entre los reinos terrenal y divino. Eran casi como el propio Mitra.

El sexto nivel de iniciación se llamaba *Heliodromus* o el «Corredor del Sol». Tal y como sugería su nombre, este nivel se asociaba con el sol, el símbolo de la luz y la verdad supremas. Se consideraba que aquellos que habían recorrido todo este camino y alcanzado este rango habían logrado una estrecha conexión con Mitra. Por último, pero no por ello menos importante, el rango más alto de todos era el de *Pater* («Padre»), reservado solo a los ancianos y líderes del culto secreto. Como «Padre», los de este rango eran los guías espirituales o maestros responsables de dirigir los rituales y la iniciación de los nuevos miembros. También se los consideraba plenamente integrados en los misterios cósmicos de Mitra.

Al igual que la representación de la tauroctonía (donde Mitra mató al toro), las ceremonias de iniciación solían imitar la lucha entre la vida y la muerte. La parte más esencial de la práctica mitraica eran las comidas comunales, que reflejaban la hermandad del ejército romano. Los miembros del culto consumían pan y vino, que podrían haber sido símbolos de la carne y la sangre del toro sagrado. Aparte de ser una práctica ritual, este acto era también una forma de estrechar lazos entre los iniciados, creando un sentimiento de lealtad que definía en gran medida la hermandad mitraica.

Relieve con una representación de la tauroctonía hallado cerca de Heidelberg[36]

Los misterios mitraicos también tenían una fuerte conexión astrológica. Se creía que la representación de la tauroctonía por sí sola era algo más que una imagen sacrificial. Muchos coincidían en que podía haber tenido connotaciones astrológicas. Se pensaba, por ejemplo, que el toro representaba el signo zodiacal Tauro. Mientras, el escorpión podría identificarse con el signo zodiacal Escorpio. Su representación picando los genitales del toro podría simbolizar la posición de Escorpio frente a Tauro en el zodíaco. Su acto de atacar al toro podría ser también un símbolo de lucha cósmica. Aunque la imagen del perro que salta sobre la herida del toro podría no estar directamente vinculada a un signo zodiacal concreto, los expertos coinciden en que podría representar la constelación Canis Maior o Canis Minor.

En cuanto a la serpiente, que podía verse cerca del toro y, en ocasiones, se la representaba bebiendo su sangre, su imagen podría vincularse a la constelación de la Hidra, aunque su papel astrológico específico sigue siendo objeto de debate. El cuervo, que a veces aparecía posado cerca de Mitra, representa la constelación Corvus, el mensajero entre dioses y humanos.

Por supuesto, como muchos otros cultos mistéricos del mundo antiguo, la influencia del culto a Mitra empezó a decaer con el paso del tiempo. Cuando el cristianismo surgió bajo el emperador Constantino y fue convertido oficialmente en religión de Estado por el emperador Teodosio I en el 380 e. c., el mitraísmo y muchas otras creencias paganas fueron suprimidas. La exclusividad y el carácter secreto del culto contribuyeron en gran medida a su declive. Mientras que el cristianismo pretendía convertir a las masas y ofrecía la salvación a todos, el mitraísmo solo estaba abierto a un grupo selecto de hombres, en particular los soldados y las élites. Cuando el cristianismo se extendió por los confines del imperio, llevando un mensaje universal de salvación y vida eterna, el misterioso culto luchó por mantener su posición.

Al convertirse el cristianismo en la religión oficial del imperio, los romanos vieron cómo aumentaba el número de decretos que proscribían las prácticas paganas. Comenzaron a construirse iglesias y basílicas en sustitución de los templos. Mientras que algunos fueron readaptados y convertidos en iglesias, los mitreos quedaron abandonados o fueron destruidos. El declive del culto fue realmente rápido. El mitraísmo desapareció de la vida pública justo cuando las cortinas estaban a punto de cerrarse en el siglo IV de nuestra era.

Lo que nos queda hoy son solo preguntas. A diferencia del cristianismo, que dejó escrituras, cartas y obras teológicas tempranas para que las diseccionemos, el mitraísmo dejó poca o ninguna doctrina escrita. Es probable que las enseñanzas y rituales del culto se transmitieran oralmente de iniciador a iniciados. Nunca se registraron de forma que pudieran sobrevivir a la prueba del tiempo o, si los hubo, es plausible que fueran destruidos a propósito. Los restos de los mitreos, las reliquias e imágenes de la tauroctonía y unas pocas inscripciones supervivientes son las únicas formas que tenemos de vislumbrar las prácticas religiosas del culto. Gran parte de su funcionamiento interno se ha perdido para siempre, lo que los convierte en una verdadera historia jamás contada.

Capítulo 7 - El entretenimiento romano: Juegos de gladiadores y carreras de cuadrigas

La excitación llenaba el aire cuando los ciudadanos de Roma se dirigían al Coliseo. Estaban ansiosos por ver a cierta figura: Carpóforo, el legendario *bestiarius* que ya había cimentado su nombre en la historia de Roma por su maestría en el mortífero arte del combate contra las fieras.

Carpóforo distaba mucho de ser un *bestiarius* corriente. Normalmente, *los bestiarii* eran criminales o prisioneros de guerra arrojados a la arena para luchar contra animales salvajes como castigo. Cabe suponer que la mayoría de los *bestiarii* estaban condenados a muerte. Muchos recurrían a menudo al suicidio antes que enfrentarse a su desaparición en las fauces y garras de un león o un oso. Carpóforo se tomó su destino como un desafío. Se elevó por encima de las expectativas y mató a algunas de las bestias más feroces jamás traídas a Roma. Convirtió estas batallas en espectáculos de fuerza y astucia, provocando los vítores de los romanos amantes de la sangre.

Algunos incluso creían que Carpóforo poseía una habilidad sobrenatural para leer la mente de estas bestias. Afirmaban que era capaz de predecir cada movimiento de las criaturas con suma precisión. Otros sugerían que estaba favorecido por los dioses, que generosamente lo dotaron de una fuerza de otro mundo.

Por fin había llegado el momento. La pesada puerta de hierro crujió al abrirse, y pronto estallaron fuertes vítores cuando el público vio a Carpóforo entrar en la arena. Era un espectáculo para la vista. Como los gladiadores curtidos, Carpóforo era musculoso pero delgado, y su cuerpo mostraba marcas creadas por años de combate. Su armadura era mínima. No estaba diseñada para la protección, sino para la velocidad y la agilidad. Solo llevaba una lanza en las manos, cuya punta era lo suficientemente afilada como para atravesar incluso la más dura de las pieles.

Un mosaico del siglo V en el Gran Palacio de Constantinopla que representa una lucha contra un tigre[37]

Se desató la primera bestia. Era un león, su melena dorada sugería que era lo suficientemente maduro como para liderar una manada. La multitud enmudeció y se inclinó hacia delante, preguntándose si esta sería la última vez que verían a Carpóforo en acción, aunque era poco probable, ya que el *bestiarius* había matado a muchos leones con anterioridad. Tras unos instantes de otear la arena, el león soltó un rugido y cargó hacia delante. Esto no quebró la determinación de Carpóforo; se mantuvo firme y esperó la oportunidad adecuada. Cuando el león estuvo a centímetros de él, el *bestiarius* esquivó rápidamente a la bestia, evitando su gigantesca garra de muerte. Entonces, con una única y poderosa estocada, Carpóforo clavó profundamente su lanza en el costado del león. El rugido de la criatura se convirtió en un débil gruñido antes de que el león se desplomara en el suelo.

La multitud se puso en pie y vitoreó al talentoso *bestiarius*, pero Carpóforo mantuvo la calma. Esto no era más que el principio del día. Cuenta la leyenda que hubo un tiempo en que el *bestiarius* luchó sin tregua contra veinte bestias salvajes en un solo día.

Un oso fue soltado en la arena. Se levantó sobre sus patas traseras y se alzó sobre el musculoso Carpóforo. El *bestiarius* rodeó a la bestia y leyó los movimientos del animal. Cuando el oso blandió su enorme zarpa, Carpóforo se agachó. Al notar una abertura, clavó su lanza en el pecho expuesto del oso.

En ese momento, la multitud coreaba su nombre. Se desataron más bestias. La siguiente fue un tigre, sus rayas llamativas y sus mandíbulas mortales. Luego vino un rinoceronte corpulento, cada uno de sus pasos hacía temblar el suelo. Después, un grupo de hienas salió corriendo, sus mandíbulas chasqueantes intentando acabar con la vida del carpóforo. Por último, pero no menos importante, un jabalí embistió hacia delante con una furia implacable. Carpóforo acabó con cada uno de ellos con éxito, y cuando cayó la última bestia, alzó su lanza en señal de triunfo.

Pero, por supuesto, bajo la gloria de la arena yacía la dura realidad de la vida de un gladiador. Los luchadores como Carpóforo no siempre nacían en la fama y la oportunidad. La mayoría de ellos tuvieron unos comienzos bastante difíciles. Eran prisioneros de guerra, criminales o incluso esclavos, cuya carrera en la arena era en realidad una forma de castigo. Sin embargo, no siempre fue así. Hubo quienes se unieron a la arena voluntariamente para poder hacerse con riquezas y escapar así de una vida de pobreza. Independientemente de los motivos, todos los gladiadores eran sometidos a un entrenamiento implacable antes de que sus nombres fueran llamados para entrar en las violentas contiendas.

Los gladiadores se dividían en varias clases, y cada una de ellas se definía por su equipamiento y estilos de lucha. El *retiarius* luchaba con un tridente y una red, que utilizaba para atrapar a sus oponentes, y los *secutores* eran más conocidos por sus cascos con pequeñas hendiduras para los ojos, pesados escudos y espadas cortas utilizadas para el combate cuerpo a cuerpo. Los *murmillo*, fuertemente acorazados, solían llevar cascos con forma de pez, mientras que los *thraex* iban armados al estilo tracio. Llevaban espadas curvas y una *parmula* (un pequeño escudo), y estaban ligeramente acorazados. Cada clase tenía sus propios puntos fuertes y débiles, lo que permitía a los anfitriones de los juegos orquestar un combate equilibrado para cautivar a los espectadores.

Un mosaico del siglo II e. c. que representa a gladiadores[38]

Los *bestiarii*, como Carpóforo, eran únicos entre los gladiadores. En lugar de enfrentarse a otros hombres, luchaban contra bestias salvajes llevadas a la Ciudad Eterna desde tierras lejanas; esto incluía leones, osos, toros y otros animales exóticos para los romanos, como leopardos y rinocerontes. A los *bestiarii* se les suministraba, la mayoría de las veces, una armadura mínima en comparación con los gladiadores típicos. Esto era así para que pudieran utilizar plenamente su velocidad y precisión en lugar de su fuerza bruta. Los carpóforos solían preferir luchar principalmente con una lanza y, en ocasiones, con una daga.

Curiosamente, los registros históricos sugieren que los *bestiarii* eran a menudo de origen africano. Se llegó a esta conclusión debido a que Roma había llevado un gran número de esclavos del norte de África. También se pensaba que los africanos poseían un conocimiento único de los animales salvajes, especialmente de los autóctonos de sus tierras natales. Sin embargo, esto permanece como un tema de debate; incluso el origen de Carpóforo es un misterio para nosotros.

Aunque las arenas estaban dominadas en su mayoría por gladiadores masculinos, los relatos históricos sugieren que existieron gladiadoras, aunque no eran tan comunes. Conocidas como *gladiatrices*, eran consideradas una novedad, y su participación en los combates pretendía añadir emoción para los espectadores. Se cree que estas mujeres que eligieron una vida en la arena tomaron la decisión voluntariamente;

estaban motivadas por un deseo de independencia o por recompensas económicas. Aunque parece que una mujer renunciaba a cualquier pretensión de respetabilidad en cuanto entraba en la arena, hay algunas pruebas que sugieren que las gladiadoras eran honradas tan altamente como sus homólogos masculinos.

Quizá uno de los conceptos erróneos sobre el combate de gladiadores era la idea de que todos los combates terminaban con un solo gladiador en pie. Esta idea errónea fue popularizada por las películas modernas. Aunque algunos combates —especialmente aquellos en los que los luchadores eran criminales condenados o individuos odiados— eran a muerte, la mayoría no lo eran. Tener gladiadores era caro. Había que alimentarlos, entrenarlos y alojarlos. Perder un gladiador en cada combate significaba perder una inversión. A menos que un combate estuviera específicamente diseñado para ser un castigo, muchos combates terminaban con más de un gladiador superviviente. Un combate no tenía por qué terminar cuando se derramaba sangre. Algunos terminaban cuando uno de los gladiadores estaba demasiado herido para continuar. Una vez que esto sucedía, el editor, el patrocinador de los juegos o incluso las rugientes multitudes podían decidir el destino del perdedor. Sin embargo, la muerte en la arena era mucho menos común de lo que Hollywood ha hecho creer a muchos.

Representación de una lucha de gladiadores (con el público dando el visto bueno), pintada en 1872[20]

Los gladiadores que conseguían ganarse una reputación eran recompensados inmensamente. Les llovían premios y riquezas, pero lo más preciado de todo era una oferta de libertad. A algunos gladiadores se les permitía colgar sus armas y no preocuparse nunca más por su destino en la arena.

Un gladiador llamado Flamma fue uno de los luchadores a los que se ofreció esta oportunidad. Originario de Siria, Flamma era un prisionero de guerra que consiguió la fama gracias a sus victorias en la arena. Se cree que participó en treinta y cuatro combates; ganó veintiuno, empató nueve y perdió solo cuatro combates, una hazaña de la que muy pocos podían presumir. Flamma era el favorito del público. A medida que construía su reputación, se le concedió una oportunidad de oro para liberarse de las cadenas de la servidumbre.

Se le ofreció el *rudis* de madera más de una vez. El *rudis* era un reconocimiento público que indicaba que el gladiador se había ganado su lugar entre los ciudadanos libres de Roma. Sin embargo, para conmoción de muchos, rechazó su libertad, rechazando el *rudis* una y otra vez. Muchos quedaron perplejos por su decisión, pero quizá Flamma se había aficionado al Coliseo y al rugido de la multitud. Tal vez el honor del combate pesaba más que la paz y la libertad que se le ofrecían. La arena se había convertido tanto en su vida como en su identidad; alejarse de ella significaba que abandonaba lo mismo que lo había hecho legendario.

El Coliseo no era el único lugar donde los romanos —independientemente de su estatus en la jerarquía— se reunían en busca de entretenimiento. Las élites, los *plebeii* (plebeyos) e incluso los esclavos buscaban espectáculos sangrientos en el Circo Máximo, donde se celebraban carreras de cuadrigas. Las raíces de las carreras de cuadrigas se remontan a los etruscos y los griegos, y se convirtieron en el pasatiempo favorito de los antiguos romanos. Al igual que los gladiadores, los aurigas también estaban formados por prisioneros de guerra, esclavos o personas de origen humilde o desafortunado.

El Circo Máximo podía albergar hasta 150.000 personas. Conocido por ser el recinto más grande y famoso, el Circo Máximo contaba con una pista de forma ovalada en la que los aurigas corrían unos contra otros a velocidades vertiginosas. En la carrera participaban diferentes equipos, a menudo patrocinados por élites adineradas. Divididos en cuatro facciones (roja, azul, verde y blanca), cada uno de ellos tenía sus propios seguidores leales que, en ocasiones, se enzarzaban en violentos estallidos en las gradas.

Una maqueta del Circo Máximo (izquierda) en el siglo IV de nuestra era, junto con el Coliseo en el extremo derecho[80]

Dado que la velocidad era clave, los carros eran ligeros y no estaban diseñados para la protección. Eran tirados por dos, cuatro o incluso seis caballos. Los aurigas tenían que dirigir a sus caballos a altas velocidades, manteniendo el equilibrio durante los giros bruscos. Este no era el único peligro al que tenían que enfrentarse los corredores, ya que se les permitía utilizar la violencia en su intento de conseguir la victoria. Algunos utilizaban sus látigos no solo para azotar a sus caballos, sino también para asestar un golpe a sus oponentes. Este ataque desequilibraba a sus oponentes y los hacía chocar, especialmente en las curvas cerradas de la pista, donde las cosas podían volverse mortales en un instante.

Los aurigas tenían que completar las siete vueltas alrededor de la pista de arena de dos mil metros. Alcanzando una velocidad máxima de casi sesenta kilómetros por hora, los aurigas tenían que permanecer atentos en todo momento; incluso el más mínimo error podía provocar un choque desastroso que posiblemente les costara la vida. El tramo final era donde la brutal lucha entre los corredores alcanzaba su punto álgido, ya que hacían todo lo que estaba en su mano para asegurarse la victoria.

Uno de los aurigas más renombrados fue Cayo Apuleyo Diocles. Nacido en la provincia de Lusitania (actual Portugal), Cayo comenzó su carrera a los dieciocho años, corriendo para la facción Blanca. Cuando cumplió los veinticinco, se decía que Cayo había participado en más de 4.200 carreras. A pesar de lo peligroso de este deporte, Cayo ganó 1.462 carreras, inmortalizando para siempre su nombre como uno de los mejores aurigas de la historia romana. Sus victorias lo recompensaron sin duda con una inmensa riqueza, y algunas fuentes afirman que poseía una fortuna equivalente a millones en la moneda actual. Fue nombrado uno de los atletas más ricos del mundo antiguo.

Una representación moderna de una carrera de cuadrigas celebrada en el Circo Máximo[31]

Una carrera típica en la que participara Cayo Apuleyo Diocles habría sido un espectáculo de velocidad, violencia y peligro. Antes de cada carrera, los carros se alineaban en las puertas de salida. La tensión era probablemente alta durante este momento tanto para los corredores como para el público. Con un toque del cuerno de salida, las puertas se abrían de par en par, dando paso al galope de los caballos que conducían los carros hacia delante. El polvo llenaría el aire mientras los carros patinaban por la pista curva. Para Cayo, que tenía una gran experiencia, las curvas cerradas ya no suponían un reto.

Sin embargo, la carrera no se trataba solo de velocidad; la supervivencia también era de suma importancia. Cayo se propuso enredar las riendas de su oponente más cercano, con la esperanza de que enviara el carro a un choque feroz en la curva cerrada conocida como *metae*. Las colisiones eran habituales, y casi siempre iban seguidas de los vítores de los espectadores.

Las apuestas también eran habituales entre los espectadores, con fortunas ganadas y perdidas en función del resultado. Los que estaban desesperados por inclinar la balanza a su favor llegaban incluso a recurrir a medios sobrenaturales. Los hallazgos arqueológicos de tablillas con maldiciones encontradas cerca de los hipódromos romanos sugieren que los espectadores creían en la intervención divina; estas maldiciones solían escribirse para perjudicar a los corredores de las facciones rivales.

Cayo sabía exactamente cuándo tirar de las riendas y equilibrar la agresividad con la cautela. Cuando llegaba el primero a la línea de meta, su victoria se anunciaba con un toque de trompeta. A continuación, Cayo sería escoltado hasta el palco de los jueces, donde le entregarían una corona, una rama de palma y un premio en forma de dinero. Después, regresaba a su carro y daba una vuelta rápida a la pista antes de que comenzara la siguiente carrera.

Cayo Apuleyo Diocles sobrevivió en el hipódromo durante veinticuatro años, pero no todos pudieron compartir su suerte. Otra figura famosa en el hipódromo que respondía al nombre de Scorpus obtuvo el reconocimiento público, sin embargo, su fallecimiento se produjo demasiado pronto.

Al igual que Cayo, Scorpus alcanzó un éxito considerable en el Circo Máximo, lo que le otorgó tanto fama como riqueza. Nacido como esclavo, Scorpus corrió para la facción Verde y rápidamente se convirtió en uno de los favoritos de los aficionados después de que la multitud fuera testigo de su increíble velocidad y habilidad táctica en la pista. Tenía un gran talento, especialmente cuando se trataba de maniobras atrevidas. Sus rápidos reflejos también lo libraron de estrellarse —al menos durante un tiempo—, mientras que su enfoque intrépido en las *metae* lo convirtió en un oponente formidable. A lo largo de su carrera como auriga, Scorpus ganó más de dos mil carreras.

Por desgracia, su carrera se vio truncada cuando una tragedia lo golpeó en la misma pista en la que había construido su reputación. A pesar de ser conocido por sus reflejos y habilidades para maniobrar los caballos, Scorpus murió en una colisión en el *metae*. Muchos coincidieron en que murió antes de tiempo. Es probable que Scorpus tuviera unos veinte años cuando el choque acabó con su vida, un marcado contraste con Cayo, que vivió hasta bien entrados los cuarenta. Aunque ambos hombres alcanzaron con éxito el estatus de leyenda, la temprana muerte de Scorpus demostró los peligros de las carreras, ya que solo hacía falta un pequeño paso en falso para que los dioses les arrebataran la vida. El fallecimiento del joven auriga afectó enormemente a sus seguidores. Lloraron la pérdida de un hombre que antaño había parecido invencible en la polvorienta pista.

Los romanos disfrutaban con estas brutales formas de entretenimiento, sin embargo, cuando más tarde surgió el cristianismo, el Imperio romano empezó a cambiar su opinión tanto sobre los juegos de gladiadores como sobre las carreras de cuadrigas. Considerados nada más que bárbaros, ambos juegos fueron prohibidos a finales del siglo IV de nuestra era.

Capítulo 8 - Los emperadores envenenados de Roma

La paranoia de Calígula se había convertido en realidad. No podía más que abrir los ojos para expresar su incredulidad. Deseó hablar una vez más, pero ni una palabra salió de sus labios. Ya era demasiado tarde: las dagas habían atravesado su cuerpo, dando paso a que su espesa sangre fluyera, manchando el suelo. El emperador se había derrumbado finalmente; el tirano más despreciado de Roma había sido asesinado a sangre fría.

La noticia de la repentina muerte de Calígula pronto se extendió por todo el palacio, provocando más caos en la Ciudad Eterna. El Senado tuvo sentimientos encontrados ante la muerte del tirano. Los senadores lo vieron como una oportunidad para restaurar la república, pero la guardia pretoriana se les adelantó; tenían otros planes en mente. En una de las cámaras del palacio, los guardias reales tropezaron con Claudio, el tío torpe y tartamudo del emperador muerto. Lo había visto todo, pero temiendo correr la misma suerte, Claudio se ocultó tras una cortina. Para su terror, la guardia pretoriana lo sacó a rastras. Pero en lugar de clavarle una espada en la garganta, los guardias reales lo aclamaron como nuevo emperador, una decisión que escandalizó a muchos.

La guardia pretoriana proclamando a Claudio como nuevo emperador de Roma[89]

Claudio nunca estuvo en la lista para presentarse como emperador. A pesar de ser el tío paterno de Calígula, su relación era compleja y tensa. Era miembro de la familia imperial, pero su reputación era casi inexistente, en gran parte debido a su percibida fragilidad y torpe comportamiento. Al principio, Claudio fue tratado con justicia por su sobrino cuando subió al trono. Incluso ocupó cargos menores bajo Calígula, aunque en su mayoría eran ceremoniales, aun así, a medida que avanzaba el reinado del joven emperador, su deteriorado estado mental empezó a corromperlo.

En el mismo momento en que Calígula descendió a la locura, se volvió tremendamente suspicaz con los que lo rodeaban. Los veía como sus enemigos o incluso como conspiradores que planeaban su asesinato. Los primeros días de promesa pronto dieron paso a múltiples episodios de crueldad y paranoia. Ni siquiera Claudio se libró de las sospechas de Calígula. Aunque Claudio nunca supuso una amenaza para el trono, seguía siendo miembro de la familia imperial. En la mente paranoica de Calígula, Claudio podía cambiar fácilmente su apoyo y convertirse en un rival potencial.

Según el historiador Suetonio, el emperador se complacía en avergonzarlo, a menudo ridiculizando su condición física. Claudio se convirtió esencialmente en un bufón ante el Senado y el público, reforzando aún más la idea de que no era apto para dirigir. En ocasiones, Claudio fue incluso obligado a participar en espectáculos públicos en los que se lo obligaba a hacer el papel de bufón en banquetes y fiestas. En una ocasión, Calígula también subastó en broma la riqueza de Claudio para avergonzar a su tío.

No obstante, Claudio consiguió sobrevivir al reinado de su sobrino. Deseoso de mantener un perfil bajo, Claudio cedía a menudo a las órdenes del emperador, por ridículas que fueran. Soportó la humillación en silencio y evitó mostrar cualquier ambición política. Sin embargo, la paranoia de Calígula no conocía límites; aunque Claudio permaneció sumiso, el emperador nunca dejó de proferir amenazas, incluso hacia los miembros más cercanos de su familia.

Cuando Calígula exhaló su último suspiro, hacía tiempo que Claudio se había desilusionado de su sobrino. No existen pruebas directas que demuestren la implicación de Claudio en el asesinato de Calígula. Aunque podría ser plausible que al menos fuera consciente del creciente descontento, especialmente entre la guardia pretoriana y el Senado, es probable que Claudio mantuviera las distancias. Evitó involucrarse en conspiraciones, sabiendo que podría costarle su propia vida.

Estuviera o no realmente informado del complot, podemos estar seguros de que la vida de Claudio tomó un rumbo diferente en el momento en que el cuerpo sin vida de Calígula cayó al suelo de mármol. La guardia pretoriana lo vio como una figura que podían manipular fácilmente, razón por la cual se le entregó una corona a Claudio.

Roma ya era inestable cuando Claudio se sentó en el trono. Sin embargo, a pesar de ser conocido por sus incapacidades, Claudio mostró su voluntad de reconstruir el imperio. Conocía la importancia del propio pueblo que lo había colocado en el trono. Así, uno de sus primeros movimientos para asegurar su poder fue recompensar tanto a la guardia pretoriana como a los militares. Consintió a los pretorianos con un gran *donativum* (un regalo de dinero) para asegurarse de contar con su lealtad y fidelidad. También hizo generosas donaciones a las legiones romanas, con lo que pudo complacerlas. Aunque no estaba precisamente preparado para gobernar, Claudio era consciente de la lección más importante como gobernante: en tiempos de agitación, la persona que controla el ejército controla todo el imperio.

Claudio también prestó atención a las infraestructuras públicas de Roma, que necesitaban mejoras desde hacía mucho tiempo. Continuó la construcción de dos grandes acueductos —llamados Aqua Claudia y

Aqua Anio Novus– que había iniciado su sobrino. Terminadas en el año 52 e. c., estas estructuras mejoraron drásticamente el suministro de agua para Roma. Junto con otros dos acueductos (Aqua Anio Vetus y Aqua Marcia, que se encargaron en 272 a. e. c. y 144 a. e. c., respectivamente), pasaron a conocerse como los cuatro grandes acueductos de Roma.

Aqua Claudia[38]

Claudio sorprendió sin duda a muchos con su capacidad para devolver a Roma su gloria, aunque fuera por un corto tiempo. Comprendiendo la importancia del comercio y del suministro de grano, el emperador tomó la decisión de ampliar el puerto de Ostia. De este modo, Roma pudo disponer de un suministro fiable de alimentos en todo momento. Claudio también prestó atención a la mejora de las carreteras que conectaban la ciudad con las provincias lejanas. Gracias a este gran proyecto de construcción, el ejército pudo responder a las amenazas con mayor eficacia. Claudio también se interesó personalmente por la gestión de los asuntos en el frente administrativo. Se implicó en el proceso judicial, a menudo presidiendo él mismo los casos.

La burocracia romana mejoró cuando Claudio tomó el manto. Gracias a sus reformas legales, el emperador pudo racionalizar la administración y reducir la corrupción. Otra decisión importante que tomó fue abrir los puestos burocráticos a los libertos (antiguos esclavos a los que se había concedido la libertad). Estos hombres, quizás apreciando su medida de no favorecer solo a los aristócratas, le fueron leales.

También se decía que el emperador había aumentado los privilegios de las mujeres y a menudo mostraba humildad cuando estaba con sus súbditos. En una ocasión, el emperador se disculpó con los pensionistas que lo visitaban tras descubrir que no había suficientes sillas preparadas para ellos. Este era el tipo de comportamiento que, según Suetonio, hacía que el público amara a su emperador.

El acto más definitorio del reinado de Claudio llegó en forma de conquistas militares. El emperador lanzó la invasión de Britania en el año 43 de la era cristiana, que dio lugar a la expansión de las fronteras del imperio. De estas campañas se obtuvieron nuevas riquezas y el emperador solidificó su dominio. Claudio deseaba mantenerse alejado de los mismos errores que habían cometido sus predecesores.

Desgraciadamente, a pesar de sus esfuerzos, los dioses ya habían decidido su destino; Claudio no podía escapar a la brutalidad de la política. Sin embargo, a diferencia de Calígula o incluso de Julio César, Claudio sería víctima, no de la espada, sino del veneno.

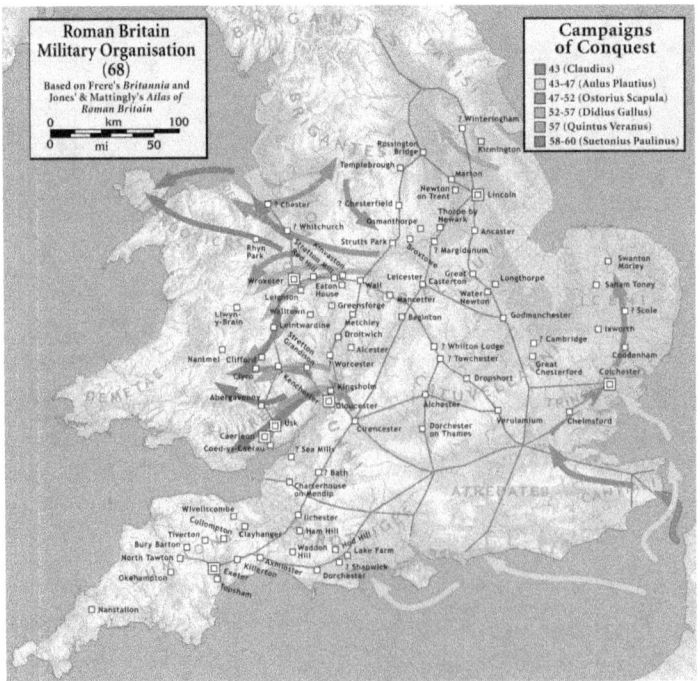

Conquista romana de Britania[34]

El envenenamiento se consideraba —y aún se considera— un método popular para eliminar a las personas con poder. Su sutileza lo convertía en la herramienta preferida de quienes buscaban el poder sin el riesgo del espectáculo público. Comparado con las dagas, que dejaban evidentes pruebas del asesinato, el veneno permitía al asesino eliminar a sus objetivos de una forma más silenciosa y calculada. En una época en la que la medicina forense aún no estaba avanzada, a menudo se podía llegar a conclusiones erróneas sobre la causa de la muerte. Podía pensarse que el muerto había fallecido por causas naturales, mientras que el verdadero culpable era en realidad el veneno. Por supuesto, las sospechas persistirían, sobre todo si se trataba de una muerte repentina, pero sin pruebas concretas no se podía hacer nada.

En cuanto a Claudio, su mayor debilidad era, irónicamente, su confianza en los demás. A pesar de ser un gobernante capaz, Claudio tendía a depositar mal su confianza. Su mayor enemigo no resultó ser otro que sus esposas, primero, Mesalina y más tarde Agripina la Joven (que también era su sobrina).

Agripina tenía una ambición: asegurar el trono para su hijo, Nerón. Cuando la salud de Claudio empeoró y su actuación en el gobierno del imperio empezó a ver los primeros signos de deterioro, Agripina tomó cartas en el asunto. En lugar de utilizar armas afiladas para eliminar al emperador, optó por el veneno, con la esperanza de que pudiera imitar las causas naturales. Por supuesto, Agripina no planeaba eliminar a Claudio ella sola. Contó con la ayuda de los más cercanos al emperador, en particular los sirvientes, los consejeros y los libertos convertidos en funcionarios que Claudio había nombrado años atrás. El plan consistía en servir al emperador un plato de setas —se decía que era su comida favorita— con veneno inyectado en ellas. También se creía que el veneno había sido creado por Locusta de Galia, una notoria envenenadora y posiblemente la primera asesina en serie de la historia.

Desprevenido del complot, Claudio devoró las setas, solo para caer enfermo después. Sin embargo, el emperador no murió. Agripina se apresuró a administrar una segunda dosis de veneno, posiblemente a través de una pluma que se utilizó sobre el emperador para inducirle el vómito. Finalmente, el emperador encontró la muerte. Se dictaminó que Claudio había muerto de enfermedad. Por ello, Agripina logró evitar las sospechas, aunque los rumores de que el emperador había sido asesinado la persiguieron.

A pesar del trágico final de Claudio, el nombre del emperador no figuró en la misma categoría que el de su sobrino. Pudo mantener una reputación de gobernante competente, pese a que en su día fue la oveja negra de su familia.

Sin embargo, años después de Claudio, Roma volvería a sumirse en un periodo de caos cuando un nuevo emperador subió al trono. Llamado Cómodo, el emperador sería conocido para siempre como el peor tirano que jamás ocupó el trono.

Cómodo llegó al poder en una Roma muy diferente de la que conoció Claudio. Para cuando se alzó como emperador, el Imperio romano había soportado diferentes episodios de crisis, incluido un breve experimento con coemperadores. Este sistema se estableció inicialmente como un intento de compartir las cargas del liderazgo. Después de todo, Roma se había transformado en un imperio en expansión, que se extendía desde Britania hasta Oriente Próximo. Sin embargo, este sistema de cogobierno no frenó los problemas con los que luchaba el imperio. La competencia por el poder solo se intensificó, llevando a la Ciudad Eterna a entrar en otro estado de agitación política. No fue hasta el ascenso del emperador filósofo Marco Aurelio en 161 e. c. cuando el imperio volvió a saborear por fin la estabilidad.

El reinado de Marco Aurelio representó, en muchos sentidos, el apogeo de la virtud romana. Aparte de su filosofía estoica, el emperador era también un hombre de máxima disciplina. Se lo conocía sobre todo por su gobierno estratégico. Aunque Roma se enfrentó a constantes guerras en sus fronteras y luchó contra una plaga que sacudió la ciudad, Marco Aurelio nunca flaqueó. Siendo uno de los «cinco emperadores buenos», Marco Aurelio gobernó el imperio y lo vio florecer durante casi dos décadas. Su única decisión que perseguiría al imperio durante años fue cuando nombró a su hijo, el quinceañero Cómodo, como coemperador en 177 e. c. (tres años antes de su muerte).

Los romanos no tardaron en darse cuenta de que Cómodo era todo lo contrario a su padre. Mientras que Marco Aurelio era a menudo alabado por ser reflexivo y disciplinado, Cómodo era impulsivo, cruel e indulgente. El historiador Elio Lampridio describió más tarde al joven emperador con palabras como deshonroso y lascivo; incluso afirmó que Cómodo tenía la boca sucia y era libertino. Otros historiadores coinciden en que, aunque Roma había sufrido bajo el reinado de emperadores como Calígula y Nerón, al menos comenzaron sus reinados con promesas. Con Cómodo, sin embargo, el terror pudo verse en el mismo momento en que se sentó por primera vez en el trono.

Cómodo tomó oficialmente las riendas en 180 e. c. cuando murió Marco Aurelio. Heredó un imperio que era relativamente estable, en gran parte gracias a su padre. Sin embargo, el joven emperador tenía poco o ningún interés en gobernar. Solo tenía sus ojos puestos en el lujo y los privilegios de llevar la toga púrpura, más que en la carga del liderazgo. En lugar de ocuparse personalmente de los asuntos de estado, Cómodo delegó las tareas cotidianas a varios de sus lugartenientes de mayor confianza. Sin embargo, al igual que sus predecesores, Cómodo desarrolló problemas de confianza. En cuanto olía el más mínimo rastro de desobediencia, se volvía contra sus lugartenientes. Incluso sin conseguir pruebas concretas, el emperador los haría asesinar y encontraría a otra persona para ocupar el puesto.

Cómodo no prestaba mucha atención al gobierno del vasto imperio, pero estaba claro que disfrutaba de su botín. Como emperador, la inmensa riqueza de Roma estaba a su disposición, y nunca dudó en utilizarla para perseguir sus propios deseos. A Cómodo le apasionaban especialmente los juegos de gladiadores. Sin embargo, a diferencia de la mayoría de los emperadores que disfrutaban de los juegos desde el palco imperial, Cómodo adoptó un papel más activo en la arena. Mientras que su padre era bien conocido en el campo de batalla (Marco Aurelio pasó gran parte de su reinado al frente de los ejércitos romanos en las guerras marcomanas), Cómodo solo enseñaba los dientes luchando contra gladiadores y fieras, aunque la mayoría de los combates eran escenificados. El historiador Casio Dio señaló en una ocasión que Cómodo se jactaba de haber matado personalmente a cien leones en un solo día.

Participación de Cómodo en los juegos de gladiadores[35]

La arena era también el lugar donde desplegaba su crueldad. En un espectáculo en particular, el joven emperador sacó a un grupo de hombres, todos los cuales habían perdido los pies, y los vistió como serpientes. Armados con esponjas en lugar de piedras, estas personas tuvieron que fingir que eran gigantes que atacaban al emperador. Haciéndose el héroe, Cómodo los apaleó hasta matarlos. Sin embargo, a pesar de disfrutar con estas violentas representaciones, Cómodo moderaba su excitación cuando se enfrentaba a gladiadores de verdad. Aunque existen registros que sugieren que el emperador sí mató a hombres en la arena, los historiadores debaten si sus víctimas eran o no luchadores reales. Dado que los espectáculos solían manipularse para salvar al emperador de la vergüenza, muchos sospechaban que sus oponentes no eran gladiadores expertos, sino personas obligadas a combatir.

A medida que su reinado continuaba, sus delirios se hacían más pronunciados. Cómodo estaba infamemente obsesionado con Hércules, el dios de la fuerza. Incluso llegó a afirmar que él era la reencarnación del dios. En un intento de convencer a sus súbditos de su afirmación, el joven emperador podía ser visto a menudo vestido con una capa de piel de león y, en ocasiones, empuñando un garrote. Gastó una enorme cantidad de dinero construyendo estatuas suyas como semidiós y organizando festivales. Las estatuas de Nerón fueron demolidas para ser sustituidas por otras de Cómodo vestido de Hércules.

No es sorprendente que a Cómodo se lo describiera como un narcisista. Una vez intentó renombrar los meses del calendario para que todos llevaran su nombre. Esta era una tradición que había sido adoptada brevemente por anteriores líderes romanos. Julio, por ejemplo, recibió el nombre de Julio César, y agosto el de Augusto. Sin embargo, la mayoría de los romanos se negaron a reconocer los cambios realizados por Cómodo. Mostró aún más su lado narcisista cuando un gran incendio arrasó partes de la Ciudad Eterna en 191. En lugar de liderar los esfuerzos de recuperación, la contribución del emperador fue rebautizar la ciudad como Colonia

Una estatua de Cómodo como Hércules[36]

Lucia Annia Commodiana, que se traduce como Colonia de Cómodo. A continuación, anunció su decreto por el que sus súbditos debían denominarse *commodiani*, y el Senado romano fue rebautizado como el Senado Afortunado de Cómodo.

El comportamiento errático del joven emperador alienó sin duda a gran parte de la aristocracia romana. Se tramaron múltiples intentos de asesinato, aunque todos fracasaron. Uno de los principales intentos tuvo lugar en 182. Instigado por su propia hermana, Lucila, furiosa por los excesos del emperador, el complot involucró a varios senadores. El plan consistía en recrear tal vez el asesinato de Julio César, ya que los conspiradores debían de apuñalar al emperador con una daga. Desgraciadamente, uno de los conspiradores se arrepintió en el último momento. Cómodo sobrevivió, y Lucila fue exiliada y ejecutada más tarde.

El segundo intento tuvo lugar en 187, pero dio lugar a una dura purga. En lugar de librar a Roma del cruel emperador, la conspiración de asesinato frustrada condujo al asesinato de docenas de senadores. Se llevó a cabo otro intento en 192, y este fue casi un éxito. Para entonces, Cómodo se había distanciado de casi todos los que estaban en el poder. El golpe de Estado fue encabezado por dos de sus altos funcionarios de mayor confianza, Leto y Eclecto. Tras asegurarse una alianza con la amante del emperador, Marcia, los conspiradores se apresuraron a salvar el imperio antes de que Cómodo pudiera hacer más daño.

El veneno fue su primera arma elegida. Introdujeron una dosis letal en su vino o en su carne. Sin embargo, el emperador consiguió vomitar la comida, por lo que el veneno no consiguió matarlo. Como no pensaban dejar que el plan fracasara, los conspiradores recurrieron a Narciso, un luchador profesional, para terminar el trabajo. Cómodo, ahora debilitado por el veneno, descansaba en su cámara cuando entró Narciso. El luchador estranguló al emperador hasta la muerte.

Y así, Roma se libró por fin de su emperador amante del lujo, el que se consideraba Hércules renacido. Murió a la edad de treinta y un años, y su partida marcó el final de la dinastía Antonina.

Capítulo 9 - Contrabandistas, piratas y mercados clandestinos

Se podía ver un barco mercante entrando tranquilamente en el bullicioso puerto de Ostia. Su carga no tenía nada de especial: solo otra serie de cajas llenas de cerámica. La tripulación se movía con rapidez, descargando la mercancía bajo la atenta mirada de los aduaneros romanos. Todo parecía normal, pero la tripulación podía sentir que sus corazones latían más rápido de lo habitual. Aparte de la cerámica, que parecía destinada al mercado, el barco mercante también transportaba en secreto sacos de grano egipcio, aceite de oliva e incluso especias que no habían declarado. Conocían los riesgos del contrabando, pero les atraían más las recompensas.

Las ruinas de un mercado en Ostia, al que acudían mercaderes de todos los continentes[87]

La Ciudad Eterna era popularmente conocida por sus aranceles e impuestos. Llegaban mercancías de provincias lejanas como Egipto, Hispania y Siria, pero estas mercancías estaban gravadas con fuertes impuestos, lo que hacía que ciertas importaciones tuvieran un costo casi prohibitivo. El grano procedente de Egipto, por ejemplo, fue gravado con fuertes impuestos después de que la región fuera anexionada por el imperio. Otras mercancías valiosas procedentes de Oriente, como el aceite de oliva y las especias exóticas, también fueron objeto de elevados impuestos. El gobierno romano dependía de sus puertos y de los impuestos para llenar su tesoro. Sin embargo, para los mercaderes, los elevados impuestos eran agobiantes. El atractivo de evitar los impuestos les parecía demasiado irresistible.

Entonces entraron en escena los contrabandistas. Los que elegían esta carrera no eran los típicos delincuentes que merodeaban por callejones oscuros. Por el contrario, solían ser comerciantes avezados que entendían el sistema comercial romano. Para convertirse en contrabandista, uno necesitaba dominar dos habilidades principales: falsificar documentos de embarque y disfrazar mercancías valiosas como artículos cotidianos. Otra habilidad consistía en tener buen ojo; los contrabandistas tenían que buscar a los funcionarios portuarios que pudieran ignorar la ley en aras del dinero.

Los contrabandistas tenían que vigilar atentamente a sus rivales. Tal vez con la esperanza de ganarse el favor de las autoridades, podrían avisar a los funcionarios romanos y arruinar el plan por completo. Una vez descubierta la actividad de contrabando, el castigo era rápido. Aunque el castigo variaba en función de la naturaleza del delito, el estatus de la persona implicada y las mercancías objeto del contrabando, los castigos más comunes eran las multas, la confiscación de las mercancías y el encarcelamiento, especialmente para los reincidentes. La ejecución se reservaba para los casos más graves, sobre todo para los que contrabandeaban artículos considerados una afrenta a la seguridad del Estado. Esto incluía bienes militares, armas y otro contrabando que pudiera utilizarse para socavar la estabilidad de Roma.

A pesar de los graves castigos, la red de comercio clandestino siguió floreciendo. Las élites dependían de un suministro constante de bienes de lujo, y los mercados oficiales no siempre podían satisfacer la demanda. La escasez de grano en el año 22 de la era cristiana, por ejemplo, trajo fortuna a los contrabandistas. Los romanos ricos pudieron seguir celebrando banquetes y alimentando a sus hogares gracias a los contrabandistas. Puede que los plebeyos maldijeran la escasez y el aumento de los precios debido a la carestía, pero las élites nunca pasaron hambre, gracias a la economía clandestina.

El episodio más famoso de contrabando se produjo en el siglo VI de nuestra era, cuando el imperio ya estaba dividido en dos mitades: el Imperio romano de Occidente y el Imperio bizantino de Oriente. Durante este periodo de tiempo, la seda se consideraba uno de los materiales más valiosos del mundo, pero el secreto de su producción estaba custodiado por China. La única forma de importarla era a través de la Ruta de la Seda, lo que hacía que la seda fuera extremadamente cara y difícil de obtener.

Cuando dos monjes cristianos que habían viajado a China conocieron por fin el proceso de fabricación de la seda, el emperador Justiniano I les ordenó que trajeran de contrabando huevos de gusanos de seda de vuelta al Imperio bizantino. Los huevos de gusano de seda fueron escondidos dentro de cañas de bambú huecas y llevados a salvo a Constantinopla, permitiendo a los bizantinos producir su propia seda. Esto rompió el monopolio chino y benefició enormemente al Imperio romano.

Aparte de los suministros alimentarios y los artículos de lujo, las redes de contrabando en Roma también se extendían a una de las mercancías más lucrativas pero controvertidas del imperio: los esclavos. Las actividades de contrabando de esclavos prosperaron, especialmente en tiempos de guerra o en regiones donde la esclavitud estaba más estrictamente controlada. Utilizando rutas ocultas, los contrabandistas que transportaban esclavos a bordo de sus barcos podían evitar los puestos de control romanos. Una vez atracados, vendían a estos desafortunados esclavos en subastas secretas.

La piratería en la Antigua Roma

Mientras que los contrabandistas eran los campeones de los mercados negros romanos, los piratas dominaban los mares abiertos. Las raíces de la piratería se remontan a antes del surgimiento del Imperio romano. Desde los primeros días del comercio marítimo, cuando los barcos mercantes empezaron a cruzar el Mediterráneo, la piratería floreció como oscura contrapartida del comercio legítimo. Algunos podrían estar de acuerdo en que la piratería es casi tan antigua como la propia navegación marítima. Los registros del antiguo Egipto, Grecia e incluso Fenicia hablan de asaltos a barcos y asentamientos costeros. Muchos pueden imaginar a los piratas como merodeadores sin ley —gracias al cine—, sin embargo, eran mucho más que eso. Eran, de hecho, hábiles marineros y oportunistas que conocían bien las complejidades del comercio marítimo.

Por supuesto, la piratería era una amenaza persistente para el comercio romano, especialmente una vez que Roma estableció su dominio sobre el Mediterráneo, al que los romanos se referían como *Mare nostrum*. Las aguas que rodeaban Cilicia, Creta y Sicilia eran famosos nidos para los piratas. Dado que estos lugares tenían costas rocosas y muchas calas escondidas, era fácil para los piratas lanzar ataques sorpresa contra barcos mercantes desprevenidos.

Siempre oportunistas estratégicos, estos piratas solo atacaban los barcos que transportaban las mercancías más valiosas y gravadas. Así, los barcos que transportaban cargamentos de grano egipcio, que eran una necesidad para los antiguos romanos, especias de Oriente y sedas de Asia, se convirtieron en sus principales objetivos. Sin embargo, las mercancías no eran lo único a lo que echaban mano. Los piratas de la época romana también capturaban a los que iban a bordo. Pedían rescates o vendían a sus cautivos como esclavos en los mercados negros de todo el imperio.

Lo que hizo que los piratas tuvieran tanto éxito fue la geografía del Mediterráneo, los funcionarios locales corruptos y los mercaderes desafiantes pero ambiciosos. La mayoría de las veces, estos piratas operaban en coordinación con las élites romanas, que optaban por hacer la vista gorda ante sus actividades. A cambio, los piratas les daban una parte de sus beneficios. El Estado romano condenaba públicamente la piratería, ya que la consideraba una gran amenaza para la estabilidad económica del imperio. Sin embargo, en privado era diferente; muchos dentro del gobierno no dudaban en obtener beneficios del botín ilegal. Gracias a estos codiciosos funcionarios, los piratas podían recibir información privilegiada; sabrían qué barco atacar y cuáles llevaban la carga más cara.

A medida que la piratería se volvía rampante en Roma, perjudicando tanto a la propia república como a sus aliados, Marco Antonio el Orador (el abuelo de Marco Antonio) fue enviado para hacer frente a los piratas en 102 a. e. c. Antonio consiguió suprimir la actividad pirata en Cilicia, haciendo que la región volviera a ser más segura para el comercio y la navegación romana. Su éxito fue apreciado hasta el punto de que el

Senado acordó celebrar un triunfo naval en su honor.

Sin embargo, este no fue el final de la infestación de piratas en Roma. Cuando los piratas volvieron a asomar la cabeza unas décadas más tarde, otra figura fue enviada al Mediterráneo para llevar a cabo una campaña de caza de piratas. Esta vez, la responsabilidad recayó en Marco Antonio Crético (hijo de Marco Antonio el Orador y padre de Marco Antonio) en el año 74 a. e. c. Por desgracia, no consiguió igualar el éxito de su padre.

Tras serle otorgado el título de procónsul, a Antonio Crético se le encomendó la tarea de erradicar a los piratas que operaban en los alrededores de Creta. Desgraciadamente, la campaña se convirtió en un desastre. Viendo una oportunidad para enriquecerse personalmente, abusó de su poder y saqueó las provincias que debía proteger de los piratas. Los cretenses, sin embargo, se habían asegurado una alianza con los piratas; al fin y al cabo, la isla era el bastión de los piratas. Fueron capaces de derrotar a Antonio Crético y a sus fuerzas.

La noticia de su fracaso llegó a oídos de todos en la Ciudad Eterna. Se convirtió en objeto de burla entre los funcionarios romanos. Incluso le dieron sarcásticamente el cognomen (tercer nombre de un ciudadano romano) «Creticus», que significa el conquistador de Creta.

La amenaza pirata solo se hizo más peligrosa y extendida. Aparte de los habituales asaltos y saqueos, la piratería se había entrelazado profundamente con la corrupción que asolaba a la élite romana. Ni siquiera los senadores estaban libres de esta tentadora vía para lograr inmensas riquezas. Ansiosos por expandir su poder e influencia sin tener que pasar por el largo viaje, contrataban a piratas para llevar a cabo su trabajo sucio.

Pero los piratas por fin se encontraron con un oponente formidable cuando Pompeyo el Grande alcanzó la prominencia. Siendo ya un comandante militar de inmensa habilidad y con una reputación cada vez mayor, los romanos tenían grandes esperanzas en que Pompeyo erradicara por fin la piratería de una vez por todas. No perdió el tiempo y lanzó una campaña en el año 67 a. e. c.

Quizá lo que diferenció a Pompeyo de sus predecesores fue su brillantez estratégica. Organizando el Mediterráneo en varios sectores y asignando diferentes comandantes a cada región, fue capaz de crear una poderosa fuerza naval para dar caza a los piratas. Su capacidad para unir el poderío militar de Roma fue realmente impresionante. Fue capaz no solo de perseguir a los piratas en mar abierto, sino también de abatirlos en sus propias bases de operaciones.

Pompeyo nunca vaciló. Rápidamente cortó el acceso de los piratas a las rutas comerciales clave y bloqueó los puertos piratas. Cuando surgió la oportunidad, atacó a las flotas piratas con una fuerza abrumadora. Solo tardó cuarenta días en limpiar el Mediterráneo occidental de la actividad pirata. Después dirigió su mirada hacia el Mediterráneo oriental, donde la piratería estaba más arraigada.

Los piratas cilicios eran innegablemente más organizados y poderosos. Sus bastiones y escondites, situados en zonas escarpadas, los hacían difíciles de penetrar. Sin embargo, Pompeyo no era de los que retrocedían fácilmente. Su victoria decisiva llegó finalmente cuando derrotó exitosamente a los piratas en su base principal de Cilicia. Abatió a docenas de piratas y los que sobrevivieron fueron hechos prisioneros. Ahora que el territorio de los piratas estaba tomado, Pompeyo estableció una ciudad a la que llamó Pompeyópolis para asegurar aún más la región.

Toda la campaña de sometimiento de los piratas en el Mediterráneo duró solo tres meses. Sabiendo que existía la posibilidad de que los piratas se alzaran de nuevo y amenazaran a la república una vez más, Pompeyo recurrió a un enfoque más indulgente y pragmático cuando terminó la campaña. En lugar de ejecutar o encerrar a cada pirata superviviente, les ofreció la oportunidad de empezar de nuevo. A los que aceptaron rendirse se les permitió reasentarse en las colonias romanas con sus familias. Esto ayudó a la República romana a asegurar la estabilidad a largo plazo.

Las rutas comerciales de Roma volvieron a ser seguras y el suministro de grano se restableció en gran medida. En cuanto a Pompeyo, su éxito en la eliminación de la amenaza pirata le otorgó una inmensa riqueza y una fama inimaginable. Hoy se lo conoce como uno de los más grandes comandantes militares de Roma. Irónicamente, su propio hijo, Sexto Pompeyo, sería descrito más tarde por los historiadores antiguos como uno de los piratas más notorios de la historia romana, aunque Sexto quizá no se considerara a sí mismo como tal.

Este hombre, conocido en su totalidad como Sexto Pompeyo Magno Pío, era el hijo menor de Pompeyo el Grande. Su historia también podría ser un estudio de cómo un hombre nacido en la prominencia podía ser tanto alabado como condenado por la antigua Roma.

Todo empezó con la derrota de su padre a manos de Julio César en la batalla de Farsalia en el 48 a. e. c. Pompeyo fue una vez campeón de la República romana y poderoso conquistador de los piratas del Mediterráneo, pero no le quedó más remedio que buscar refugio bajo una potencia extranjera. El comandante militar, tal vez desesperado, depositó su confianza en el joven faraón egipcio para que lo protegiera de la caza del César. Sin embargo, esta confianza estaba mal depositada y le costó la vida.

La muerte de Pompeyo[38]

Con la injusta muerte de su padre, Sexto se vio obligado a esconderse. Sin embargo, no pensaba dejar que se manchara el legado de su padre. En Hispania, luchó contra los generales de César y se labró una reputación basada en su éxito en la guerra de guerrillas. Por desgracia para Sexto, las fuerzas de César eran fuertes y acabó siendo derrotado. A pesar de verse obligado a huir de nuevo, estaba decidido a deshacer la historia cuidadosamente elaborada por César, en la que se presentaba a Pompeyo el Grande como una figura derrotada e irrelevante de la vieja república. Tras el asesinato de César, reunió a lo que quedaba de los partidarios de su padre y comenzó a trabajar para consolidar su poder en las provincias donde Pompeyo gozaba de gran estima, especialmente en Sicilia y sus alrededores.

La república siempre había valorado Sicilia; era considerada el granero de Roma. En la mente de Sexto, hacerse con el control de Sicilia le otorgaría un firme punto de apoyo en el Mediterráneo. Quien controlara el suministro de grano de Roma podría hacer o deshacer la estabilidad de la república. En otras palabras, cuando Sexto se apoderó de Sicilia, efectivamente tomó a Roma como rehén.

Su extraordinaria flota pronto se convirtió en una fuerza formidable en el Mediterráneo. Contó con el apoyo de los leales a Pompeyo y de desertores de varias facciones contrarias al Segundo Triunvirato (Marco Antonio, Octavio y Lépido).

Desde su base en Sicilia, Sexto lanzó incursiones navales contra los convoyes militares y los barcos comerciales de Roma. Algunos estarán de acuerdo en que sus tácticas reflejaban las de los piratas contra los que su padre había luchado en el pasado. Sin embargo, Sexto no se veía a sí mismo como tal; se consideraba el heredero legítimo de la causa de Pompeyo el Grande. Su padre fue el último defensor de la República romana, y él estaba orgulloso de enfrentarse a las fuerzas de la tiranía lideradas por el Segundo Triunvirato.

Sexto y sus fuerzas se hicieron tan poderosos que Octavio y Antonio se vieron obligados a dirigirse a la mesa de negociaciones. En el 39 a. e. c. se firmó el Tratado de Misenum, que permitió a Sexto controlar Sicilia, Cerdeña y Córcega. Esto le otorgó un poder legítimo y el control de facto sobre el Mediterráneo occidental. A cambio de estos términos, Sexto accedió a poner fin a sus incursiones y a desbloquear el suministro de grano a la Ciudad Eterna.

Sin embargo, el tratado no dio a Roma una paz permanente. Octavio y Marco Antonio nunca vieron a Sexto como un gobernante legítimo. Ambos lo veían como una espina clavada. Octavio se casó con Escribonia en el 37 a. e. c. Como estaba emparentada con Sexto, la unión pretendía reforzar la frágil paz. Sin embargo, sirvió de poco. Octavio y Marco Antonio firmaron el Tratado de Tarento, que les proporcionó un renovado poder militar. El propio Marco Antonio proporcionó barcos a Octavio. Junto con el liderazgo de Marco Vipsanio Agripa en su flota, Octavio tuvo por fin los recursos para desafiar a Sexto en alta mar. Para Sexto, esto era una invitación a la confrontación. Sabía que se avecinaba una guerra, así que reanudó su bloqueo naval. Roma se quedó sin suministro de grano una vez más.

La Ciudad Eterna comenzó a ser testigo de una escena de malestar cuando la escasez de grano se convirtió en un problema. Esto obligó a Octavio a actuar. El futuro emperador lanzó un ataque contra Mesina en el 36 a. e. c., que era una fortaleza clave de Sicilia controlada por Sexto. Se puso en marcha una guerra naval a gran escala. Al principio, Sexto parecía haber ganado la partida; utilizando su flota superior, lanzó una serie de contraataques y golpeó las líneas de suministro de Octavio. Este fue el momento en el que muchos sugerirían que Octavio no era rival para Sexto en mar abierto.

Afortunadamente para Octavio, tenía a su lado a Marco Vipsanio Agripa. Considerado como uno de los comandantes militares más hábiles de Roma y el aliado de mayor confianza del futuro emperador, las mareas de la guerra cambiaron lentamente. Agripa hizo uso de naves equipadas con *corvi* (garfios) y *harpax* (un tipo de arpón lanzado por catapulta) para engancharse a los barcos de Sexto. Esto redujo la ventaja de movilidad de la flota de Sexto. Los hombres de Agripa también eran muy eficientes en el combate cuerpo a cuerpo, por lo que estaban bien preparados para los enfrentamientos navales críticos.

Sexto fue finalmente derrotado en la batalla de Nauloco en el 36 a. e. c. Una vez más, huyó al mar Egeo antes de dirigirse hacia el este, en particular a las zonas controladas por Marco Antonio. Sexto sabía que se estaban gestando tensiones entre Marco Antonio y Octavio. Así, esperaba caer en gracia a Antonio y beneficiarse de la rivalidad política entre ambos. Pero, al final, Sexto fue capturado por el propio general de Marco Antonio, Marco Ticio. Se creía que Ticio tenía un rencor personal contra Sexto: había matado al padre de Ticio en un conflicto anterior.

Este fue el final del camino para Sexto Pompeyo. Fue ejecutado en el año 35 a. e. c. Tal y como había temido, su memoria fue empañada deliberadamente por Octavio y los escritores augustos. Sexto tuvo una gran importancia en la política y el ejército de la república, pero quedó reducido a un mero pirata. En lugar de ser un contendiente legítimo en la guerra civil, fue descrito por los historiadores y poetas antiguos (especialmente los que apoyaban a Augusto) como nada más que una molestia que perturbaba la estabilidad de Roma. Escritores como Veleyo Patérculo y Apiano, por ejemplo, lo describieron como poco más que un bandolero, desestimando su destreza militar y restando importancia a la amenaza que suponía. En cuanto a Augusto, esta representación de Sexto le sirvió de mucho.

Capítulo 10 - Los fantasmas de Pompeya

El sol acababa de salir, iluminando con su primer rayo de luz las calles empedradas de Pompeya. Un hombre llamado Lucio estaba preparado para la jornada. Lucio, un modesto pero muy respetado comerciante de la ciudad, se ajustaba la túnica antes de salir de su villa. Su casa era típica de la élite pompeyana. Era una *domus* pequeña, pero lo bastante cómoda para su familia de cuatro miembros. Tenía un patio adornado con delicados frescos que narraban las historias de los dioses y héroes romanos. Lucio podía oler el pan recién hecho por el panadero local justo enfrente de su villa. Tomó una bocanada y continuó su paseo. Lo acompañaba la brisa salada de la cercana bahía de Nápoles.

La vida era relajante en Pompeya. Después de todo, era una ciudad costera muy popular entre los romanos ricos que buscaban ocio y relajación. Sin embargo, el día de Lucio era diferente al de los aristócratas de vacaciones. Su día era un sano equilibrio entre el trabajo, las obligaciones sociales y la indulgencia personal.

A medida que se acercaba al centro de Pompeya, Lucio era recibido por los sonidos de los jornaleros que empujaban sus carros llenos de frutas, verduras y especias. A lo largo de las calles, uno podía encontrar una hilera de tiendas llenas de vendedores pregonando sus mercancías. Se abrió paso a través del foro, el núcleo de la ciudad. Era una plaza pública donde se celebraban eventos, desde reuniones políticas a festivales religiosos o animados mercados. Su anfiteatro y su teatro eran también de los más grandes del mundo romano, lo que demostraba el amor de la ciudad por el entretenimiento y la cultura.

El foro estaba siempre vivo, con gente paseando y realizando negocios. El aspecto de este lugar era un espectáculo para la vista; en cada esquina había estatuas de los benefactores de la ciudad, todos vestidos con togas. Se puede decir que Pompeya era, en muchos sentidos, un reflejo de la propia Ciudad Eterna, aunque a menor escala.

La ciudad de Pompeya era una ciudad importante del imperio. Fue fundada originalmente por los oscos y posteriormente influenciada por los griegos y los etruscos. La mayor cualidad de la ciudad era su situación estratégica en la costa. Su proximidad a Nápoles la convirtió en un destino atractivo para los romanos ricos. A menudo viajaban a Pompeya de vacaciones y construían lujosas villas con vistas a la bahía. Sin embargo, Pompeya no era una ciudad provinciana reservada solo a los ricos. Dado que floreció como centro comercial, recibiendo barcos de todos los rincones del mundo conocido, la ciudad era también una tierra de oportunidades para los plebeyos y libertos. Podían trabajar y ganar lo suficiente para llevar una vida decente. Algunos incluso podían tener la suerte de ascender en la jerarquía romana. El propio Lucio había ascendido desde un origen modesto hasta convertirse en un respetado comerciante gracias a sus negocios con el aceite de oliva y los textiles.

A poca distancia del foro, se podía contemplar uno de los monumentos más venerados de Pompeya. Conocido como el templo de Júpiter, se alzaba sobre una colina que dominaba el bullicioso mercado. El templo estaba dedicado a Júpiter (equivalente al Zeus griego).

Las ruinas del antaño glorioso templo de Júpiter[39]

A los ojos de los romanos, Júpiter no era simplemente un ser divino; era el protector del Estado, y su nombre era invocado a menudo durante la toma de decisiones políticas y militares. No debe de sorprender que los romanos pusieran especial cuidado en la construcción del templo. Aunque su diseño era típico de la arquitectura romana (guardaba un sorprendente parecido con el gran templo Capitolino de Roma), su gran escalinata que conducía a la plataforma principal impresionaba a cualquiera que posara sus ojos en ella. El templo también estaba flanqueado por altísimas columnas corintias, que presentaban relieves exquisitamente tallados de escenas mitológicas, siendo la más importante una imagen de las victorias de Júpiter sobre los Titanes.

En el interior del templo había una gran estatua del dios que se alzaba sobre el altar. Su figura era imponente y majestuosa, acorde con su condición de rey de los dioses. La construcción de la estatua debió de requerir una importante cantidad de dinero y recursos. Estaba esculpida en mármol y adornada con hojas de oro puro. Júpiter estaba representado sentado en su trono con un rayo sostenido firmemente en una de sus manos, mientras que la otra sujetaba un cetro. Los constructores de la estatua también tallaron los ojos de Júpiter con tal detalle que el dios parecía estar vigilando la ciudad.

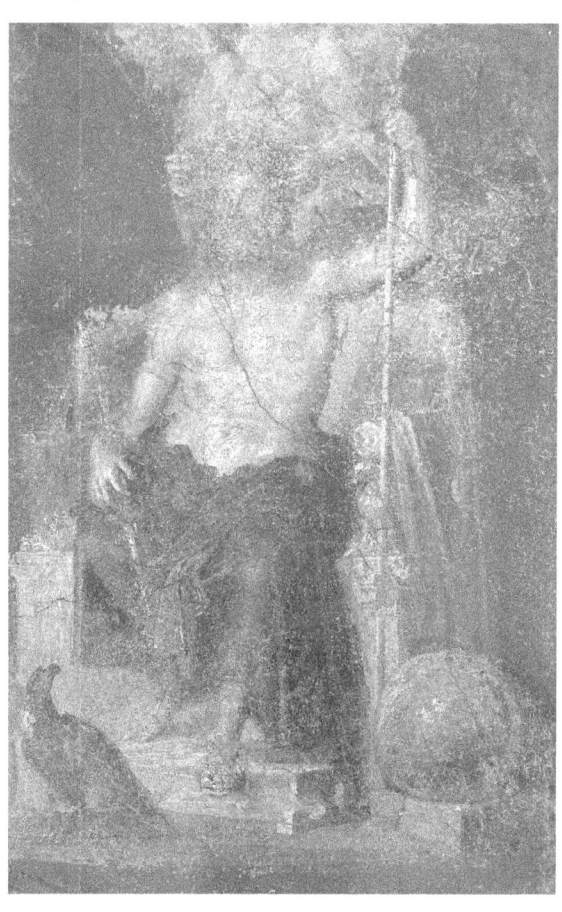

Una pintura mural de Júpiter recuperada de Pompeya[10]

Júpiter estaba acompañado por estatuas de su consorte, Juno (la Hera griega), y su hija, Minerva (la Atenea griega) —estas tres deidades formaban la «tríada capitolina» Dado que Pompeya era una colonia romana desde el año 80 a. e. c., la ciudad había adoptado el culto a la tríada capitolina como parte central de su identidad. Por ello, los templos de Pompeya eran algo más que un lugar donde se celebraban ceremonias religiosas. El templo de Júpiter estaba profundamente ligado a la vida cívica de la ciudad. Los discursos públicos, las reuniones políticas e incluso las proclamaciones oficiales tenían lugar a menudo delante del templo.

El templo era también un lugar de reunión cada vez que la ciudad se veía sumida en una crisis. Cuando se producían desastres naturales o amenazas militares, los pompeyanos acudían en masa a este templo, donde ofrecían sacrificios. Esto se hacía con la esperanza de apaciguar a Júpiter y asegurarse su favor. Los sacrificios de animales eran habituales. A menudo se utilizaban toros, ya que se creía que eran la mejor elección para ofrecer al dios del rayo.

Cuando Lucio llegó por fin a su tienda, no perdió tiempo en comenzar su rutina diaria. Supervisó a sus esclavos y trabajadores mientras ordenaban las finas mercancías importadas de vastas provincias de todo el imperio. Lucio tenía casi de todo en su tienda; había exquisitos vinos de la Galia, aceite de oliva de Hispania y cristalería única de Egipto. Una vez que terminó de revisar su inventario, Lucio se preparó para otro paseo.

Esta vez, se dirigió a los baños públicos de la ciudad. Pasar un rato en los baños públicos era un importante ritual de relajación en aquella época. Los baños eran el lugar donde los romanos socializaban. Senadores, mercaderes y artesanos se reunían para discutir todo tipo de asuntos, ya fuera sobre el estado de la política romana y el emperador o incluso cotilleos sobre las élites. En cuanto a Lucio, siempre tenía los oídos bien abiertos. El imperio estaba lleno de intrigas, por lo que siempre era bueno estar al día de los cuchicheos que corrían por ahí.

Los baños romanos de Bath, Inglaterra[1]

Por la noche, Lucio asistió a un banquete ofrecido por su querido amigo. Se mezcló con los invitados y se deleitó con carnes asadas, pescado fresco y frutas. Melodías relajantes llenaban el aire, mientras músicos de talento eran contratados para tocar sus liras y flautas. Entre la multitud había un mecenas extremadamente rico que había hablado largo y tendido sobre su deseo de patrocinar un nuevo juego de gladiadores en la ciudad. Lucio escuchó atentamente. Para el mercader, estos juegos no eran un mero entretenimiento. Dado que los juegos se celebrarían durante semanas, multitudes de toda la región acudirían a Pompeya. El negocio de Lucio se dispararía como resultado.

Sin embargo, poco sabían que los dioses tenían otro plan para ellos, y ya habían empezado a aparecer señales sutiles. De vez en cuando, el suelo temblaba. Lucio, como muchos otros, se había acostumbrado a estos temblores; los pompeyanos a menudo se encogían de hombros y no lo consideraban más que un suceso natural sin importancia. Los habitantes seguían con sus vidas como de costumbre: los comerciantes atendían sus negocios mientras otros asistían a representaciones teatrales o socializaban en los baños. Realmente no tenían ni idea de lo que la Madre Naturaleza pronto desataría sobre ellos.

Pompeya con el Vesubio al fondo⁴³

Al mediodía del 24 de agosto del año 79 e. c., el primer signo de catástrofe empezó a preocupar a los pompeyanos. El monte Vesubio había entrado en erupción con tal fuerza que un penacho de cenizas, rocas y gases volcánicos abrasadoramente calientes se elevó muy alto en el cielo. Esto pudo ser visto por quienes vivían a cientos de kilómetros de distancia. La explosión fue repentina y la imponente columna de ceniza y roca se cernió sobre la región durante horas, lo que llevó a los pompeyanos a preguntarse si se trataba de una señal ominosa enviada por los dioses.

Al enfriarse la columna, el oscuro hollín comenzó a derivar hacia la tierra. A primera vista, parecía ceniza de grano fino que llovía suavemente sobre las calles y cubría los edificios de mármol de Pompeya como si fuera polvo. La situación en la ciudad seguía siendo tranquila. Los ciudadanos estaban confusos, pero también asombrados, ya que nunca habían presenciado este suceso. Sin que ellos lo supieran, esto solo era el principio. A medida que la ceniza se espesaba, Pompeya fue testigo de cómo trozos de piedra pómez y otras rocas ligeras caían del cielo. Antes de que se dieran cuenta, los tejados empezaron a derrumbarse y las estatuas perdieron sus extremidades.

Una oleada de pánico golpeó a los habitantes de Pompeya. Tenían tiempo para huir, y muchos lo hicieron. Muchos cogieron sus pertenencias antes de huir a pie. Algunos optaron por tomar un barco y buscar refugio en las ciudades vecinas. En cuanto a Lucio, se dirigió rápidamente hacia su familia, donde ya estaban en pleno proceso de empaquetar sus objetos de valor. Solo podían esperar llegar a tiempo para abandonar la ciudad y salvarse. Nadie podía predecir que aquello era el preludio de una de las catástrofes naturales más aterradoras del mundo.

El último día de Pompeya, del pintor ruso Karl Bryullov[48]

La erupción fue presenciada de primera mano por Plinio el Viejo, el famoso autor romano de la primera enciclopedia natural. Estaba destinado en Miseno, al otro lado de la bahía de Nápoles. Como comandante de una flota romana, Plinio estaba allí para supervisar las operaciones navales. Como era erudito y naturalista, la curiosidad de Plinio se apoderó rápidamente de él en cuanto vio la enorme nube que se elevaba desde el Vesubio. Quizás impulsado por sus instintos científicos, ordenó a sus barcos que navegaran hacia la erupción. Su intención era observar y estudiar el fenómeno, pero cuando vio el peligro que corría la gente, se propuso como misión rescatar a los romanos atrapados por los escombros que caían.

Por desgracia, la operación de rescate fracasó. A Plinio le resultó extremadamente difícil navegar por las aguas a medida que se acercaban a la costa. Esto se debió en gran parte a la ceniza y la piedra pómez que caían. Mientras el mar se agitaba con los restos volcánicos, el aire se llenaba de gases tóxicos. El cielo se oscureció, dificultando la visión de la tripulación. Sin embargo, Plinio no se rindió; ordenó a su tripulación que siguiera adelante. Tenía la intención de salvar a los atrapados en las ciudades de los alrededores de Pompeya.

Pero la madre naturaleza aún no había terminado. Cuanto más se acercaban a tierra, peor era su estado. El aire era sofocante, ya que los gases sulfurosos quemaban sus pulmones. Plinio fue vencido por los vapores tóxicos cuando intentó desembarcar y rescatar a los supervivientes. El gran erudito y comandante murió, sucumbiendo al mismo desastre que inicialmente deseaba investigar.

En cuanto a los atrapados en Pompeya, su situación no mejoró. La lluvia de ceniza y piedra pómez pronto dio paso a algo mucho más mortífero. Los pompeyanos vieron oleadas de gas sobrecalentado y ceniza que descendían a toda velocidad por las laderas del Vesubio. Conocidas como flujos piroclásticos, arrasaron todo lo que se interpuso en su camino. El calor era tan intenso que la carne se vaporizaba instantáneamente al entrar en contacto con la materia volcánica. Los que perecieron dejaron solo sus endurecidas siluetas.

Lucius y su familia se encontraban entre los muchos que consiguieron abrirse paso hasta las calles. Sin embargo, no había salida. El aire estaba espeso de ceniza y solo podían ver oscuridad. El suelo seguía temblando a medida que se acercaban los flujos piroclásticos. Lucius y el resto intentaron encontrar refugio, pero todo se había derrumbado. Al ver que se acercaba el final, Lucius sujetó con fuerza a su familia mientras el torrente de ceniza y escombros los sepultaba. Sus cuerpos quedaron congelados en el tiempo, como el resto de los habitantes de la ciudad. En cuestión de horas, la otrora floreciente ciudad se transformó en un cementerio, con las víctimas sepultadas bajo capas de material volcánico.

Por supuesto, Pompeya no fue la única ciudad que cayó bajo la ira de la erupción volcánica. Ciudades cercanas como Herculano sufrieron un destino similar. Mientras que Pompeya quedó cubierta de ceniza y piedra pómez, Herculano quedó sepultada bajo una gruesa capa de lodo volcánico, que preservó edificios, materiales orgánicos e incluso restos humanos.

Destrucción de Pompeya y Herculano, de John Martin"

Curiosamente, el horror que asoló estas ciudades fue presenciado por otra figura: Plinio el Joven. Sobrino de Plinio el Viejo, también estaba destinado en Miseno cuando estalló el desastre. Estaba a salvo al otro lado de la bahía —un destino que no compartió con su tío—, pero la visión de la erupción volcánica fue suficiente para aterrorizar al autor romano. Plinio el Joven describió el desastre con gran detalle cuando escribió al historiador Tácito. Le contó al historiador su sensación cuando vio por primera vez la inmensa nube de ceniza y gas elevarse a medida que pasaban los segundos. Plinio dijo que pensó que el mundo estaba llegando a su fin.

Gracias a las cartas de Plinio —aunque fueron escritas años después del suceso— tenemos un relato detallado de primera mano de la erupción del Vesubio. Describió el desastre como el comienzo de la aparición de una nube imponente con una forma que se asemejaba al tronco macizo de un pino (esto es similar a lo que nosotros llamamos hongo nuclear). Plinio también mencionó en sus cartas la valentía de su tío y su trágica muerte.

De vuelta en la Ciudad Eterna, la reacción fue rápida. En cuanto llegaron noticias de la erupción al emperador Tito, que acababa de ascender al trono ese mismo año, se apresuró a enviar ayuda a la región. La magnitud de la destrucción conmocionó sin duda al imperio. Tras la erupción, los eruditos coinciden en que Roma perdió al menos dieciséis mil personas. Pompeya albergaba aproximadamente entre once mil y quince mil habitantes, y Herculano tenía una población de al menos cuatro mil personas. Esta erupción fue uno de los desastres naturales más mortíferos ocurridos en el mundo antiguo.

Se dice que Tito supervisó personalmente la distribución de la ayuda. Incluso ordenó una investigación especial sobre el desastre. Sin embargo, a pesar de sus esfuerzos, Pompeya y algunas otras ciudades nunca volvieron a ver la luz. Nunca fueron reconstruidas y quedaron en el olvido. Pompeya quedó enterrada bajo capas de ceniza volcánica y piedra pómez durante casi 1.700 años.

El redescubrimiento de Pompeya tuvo lugar en 1748, cuando unos obreros excavaban para realizar unos cimientos cerca de la ciudad de Resina (la actual Herculano). El descubrimiento fue más o menos accidental, pero rápidamente llamó la atención de un ingeniero militar español llamado Roque Joaquín de Alcubierre. Trabajando a las órdenes de Carlos III de Borbón, rey de España, Alcubierre ya estaba familiarizado con las historias de ciudades sepultadas por la erupción. En el momento del descubrimiento, el ingeniero español estaba supervisando la excavación de Herculano. Alcubierre trasladó rápidamente su atención al yacimiento recién descubierto, marcando el inicio de una de las excavaciones arqueológicas más significativas de la historia.

Las excavaciones no fueron fáciles. Los trabajadores tenían que retirar múltiples capas de ceniza y roca que habían permanecido allí intactas durante siglos. Sin embargo, una vez que terminaron, la ciudad emergió casi perfectamente conservada. Era como si el tiempo se hubiera congelado. Los edificios que no se derrumbaron permanecían intactos, con sus elaborados frescos y mosaicos que adornaban las paredes. Los arqueólogos también descubrieron objetos cotidianos, como herramientas, cerámica y diversos enseres domésticos.

Los descubrimientos más inquietantes fueron los cuerpos de las víctimas. Cuando los arqueólogos vertieron yeso en las cavidades dejadas por los cuerpos descompuestos, crearon moldes inquietantemente reales de personas en sus últimos momentos. Algunos estaban agachados o tumbados, mientras que otros murieron abrazando fuertemente a su familia mientras los flujos piroclásticos avanzaban hacia ellos. Muchos se aferraban a sus posesiones más preciadas, quizá con la esperanza de escapar por mar y, finalmente, comenzar una nueva vida en otra ciudad.

Es innegable que el aspecto más notable del redescubrimiento fue el estado de la ciudad. A pesar de la erupción que se había cobrado la vida de muchos, Pompeya aparecía casi exactamente igual que hace casi dos mil años. Esto difiere enormemente de otros yacimientos arqueológicos de todo el mundo, donde las estructuras y los edificios solían estar corroídos por el paso del tiempo. Irónicamente, Pompeya fue preservada por la misma fuerza que la aniquiló. La ceniza y la piedra pómez que sepultaron la ciudad la habían sellado frente a los elementos, protegiendo sus estructuras, arte y artefactos de la decadencia. Hoy en día, Pompeya está abierta al público. Los visitantes curiosos pueden pasear por sus calles y entrar en las casas que una vez habitaron los antiguos romanos. La ciudad se ha convertido esencialmente en un museo viviente, ofreciendo una ventana a las vidas de aquellos que vivieron durante el floreciente imperio.

Los moldes de las víctimas en Pompeya⁴⁵

Hasta la fecha, arqueólogos e historiadores siguen descubriendo más cosas sobre la vida cotidiana de los pompeyanos antes de que se produjera la catástrofe. Tal vez uno de los debates más recientes fue sobre la fecha real de la erupción del Vesubio. Durante siglos, los eruditos aceptaron la fecha de la erupción como algún momento de agosto del año 79 de la era cristiana. Esto se basaba en gran medida en una carta escrita por Plinio el Joven. Sin embargo, surgieron nuevas pruebas que indicaban que la erupción podría haber ocurrido en un mes diferente.

El descubrimiento de restos conservados de frutas, incluidas granadas y nueces, indica que la erupción se produjo probablemente en algún momento entre octubre y noviembre, ya que era imposible que estas frutas hubieran madurado en agosto. Las víctimas también vestían ropas más adecuadas para un día más fresco de otoño que para un caluroso día de verano. Otros indicios, como una moneda encontrada en las ruinas con marcas que datan de mediados de septiembre, también han llevado a los eruditos a cuestionar la fecha tradicional.

Independientemente del momento exacto de la erupción, es difícil descartar que el redescubrimiento de Pompeya nos proporcionó una comprensión sustancial del mundo antiguo. Los restos conservados de las víctimas y las estructuras de la ciudad nos ofrecen una visión más clara de su arte, arquitectura, vida cotidiana, estructura social y de la propia naturaleza de la existencia urbana romana.

Conclusión

Ahora que hemos llegado al final del libro, basta con decir que Roma fue mucho más que sus afamados logros. Es cierto que Roma suele ser celebrada y recordada por su gloria, pero sus episodios menos conocidos son igual de cautivadores.

A través de estas historias olvidadas, podemos echar un mejor vistazo al imperio. La Ciudad Eterna dio a luz a una larga lista de poderosas figuras que la historia nunca podrá olvidar, pero los individuos explorados en este libro tuvieron la misma importancia en la conformación del imperio. Cada uno de ellos tenía su propia forma de navegar por el traicionero camino hacia el poder y, para algunos, hacia la libertad. Las descripciones de la vida cotidiana de los ciudadanos corrientes tienden a quedar apartadas de la mayoría de las narraciones de los grandes acontecimientos históricos. Los ciudadanos, desde los mercaderes a los agricultores y desde los artesanos a los animadores, participaron en la configuración de la estructura social y económica de Roma.

A menudo se habla del poderío de Roma, pero bajo esos triunfos se escondían muchos episodios de vulnerabilidad. La Ciudad Eterna estaba constantemente plagada de desafíos internos. Las tensiones económicas, el malestar social y las crisis de liderazgo eran espectáculos habituales que ponían de manifiesto la fragilidad de la ciudad. El mundo natural tampoco era misericordioso; incendios, plagas y terremotos sacudían a menudo el imperio hasta sus cimientos. Incluso las legiones romanas, a menudo descritas como invencibles, no estaban libres de derrotas y desastres. Tomemos como ejemplo la misteriosa desaparición de la IX legión. A pesar de ser temida durante siglos, las teorías sobre cómo desapareció sirven como prueba contundente de que Roma no era intocable.

La historia de Roma es extensa y compleja. Abarca más de un milenio, desde su legendaria fundación en el año 753 a. e. c. hasta la caída del Imperio romano de Occidente en el año 476 de nuestra era. Su historia abarca siglos de guerras, asuntos políticos, conspiraciones y transformaciones culturales. Contar su historia adecuadamente requeriría cientos de páginas, e incluso eso solo arañaría la superficie de la magnificencia de Roma. Aun así, estos relatos menos conocidos ofrecen una visión significativa de la singular historia del imperio. Aunque puede que no incluyan a los individuos e incidentes más populares, estas historias proporcionan a los lectores una pequeña ventana para conocer cómo vivían los romanos en el pasado.

Vea más libros escritos por Matt Clayton

Bibliografía

Addis, Ferdinand. "Rome: Eternal City." *Bloomsbury Publishing*, 2018.

Adhamy, Amir. "Agrippina the Younger: the first true empress of Ancient Rome." *HistoryExtra*, November 15, 2023. https://www.historyextra.com/period/roman/agrippina-younger-empress-ancient-rome-empress-nero-caligula/.

Andrews, Evan. "8 Things You May Not Know About Emperor Claudius." *History,* September 11, 2023. https://www.history.com/news/8-things-you-may-not-know-about-emperor-claudius.

Bileta, Vedran. "Agrippina the Younger: Rome's first true Empress." *TheCollector*, October 18, 2021. https://www.thecollector.com/agrippina-the-younger/.

Bileta, Vedran. "Caligula: 18 Facts on the 'Mad' Roman Emperor." *TheCollector*, August 16, 2023. https://www.thecollector.com/caligula/.

Dash, Mike. "King, Magician, General ... Slave: Eunus and the First Servile War Against Rome." *A Blast From the Past,* July 16, 2016. https://mikedashhistory.com/2016/07/16/king-magician-general-slave-eunus-and-the-first-servile-war-against-rome/.

Daugherty, Greg. "Was Commodus the Worst Emperor in Ancient Roman History?" *History,* August 18, 2022. https://www.history.com/news/commodus-worst-roman-emperor-gladiator.

De Abreu, Kristine. "Exploration Mysteries: Disappearance of the Ninth Legion." *Explorersweb,* March 8, 2023. https://explorersweb.com/exploration-mysteries-disappearance-of-the-ninth-legion/.

Dunn, Daisy. "The truth behind Ancient Rome's most controversial woman," *BBC,* May 7, 2021. https://www.bbc.com/culture/article/20210506-the-truth-behind-ancient-romes-most-controversial-woman.

Kings and Generals. "Before Spartacus: Second Servile War Against the Roman Republic," YouTube video, October 24, 2019. https://www.youtube.com/watch?v=jhLXhrOiLmk.

Mark, Joshua J. "The Spartacus Revolt." *World History Encyclopedia*, March 4, 2016. https://www.worldhistory.org/article/871/the-spartacus-revolt/.

Meddings, Alexander. "Messalina – the Empress Who Remarried While the Emperor Was Out of Town." *Walks Inside Rome,* accessed September 19, 2024. https://www.walksinsiderome.com/blog/messalina-the-empress-who-remarried-while-the-emperor-was-out-of-town/?fbclid=IwZXh0bgNhZW0CMTEAAR2RcEUXpymZEx-Wgv9p6cJfIjRs1YWFXAmQcVdfAmW5sypsqsI3wKnL7to_aem_COQPsea OLhN_AwEFHhuoyQ.

Sullivan, Missy. "Pompeii" *History,* July 29, 2022. https://www.history.com/topics/ancient-rome/pompeii.

Wasson, Donald L. "Legio IX Hispana." *World History Encyclopedia,* July 16, 2021. https://www.worldhistory.org/Legio_IX_Hispana/.

Wasson, Donald L. "Livia Drusilla." *World History Encyclopedia,* May, 13, 2016. https://www.worldhistory.org/Livia_Drusilla/.

Wolfson, Aaron. "Julia Domna." *World History Encyclopedia,* September 18, 2020. https://www.worldhistory.org/Julia_Domna/

Wright, Jennifer. "Locusta of Gaul: Rome's Imperial Poisoner and Possibly the World's First Serial Killer," *CrimeReads.* November 2, 2021. https://crimereads.com/locusta-of-gaul-romes-imperial-poisoner-and-possibly-the-worlds-first-serial-killer/.

"Claudius." *PBS,* accessed September 9, 2024. https://www.pbs.org/empires/romans/empire/claudius.html#:~:text=Disfigured%2C%20awkward%20and%20clumsy%2C%20Claudius,women%20would%20prove%20his%20undoing.

"Spartacus." *National Geographic,* accessed September 10, 2024. https://education.nationalgeographic.org/resource/spartacus/.

"The mystery of Rome's lost Ninth Legion: what really happened to them?," *History Skills,* accessed September 4, 2024. https://www.historyskills.com/classroom/ancient-history/ninth-legion/?srsltid=AfmBOorsceGcsIGCwlZ7gE9V7T4-xZZV91bguUkZ897nTOJhI4qGsnrc.

Fuentes de imágenes

[1] https://commons.wikimedia.org/wiki/File:M443922_Julius-Caesar-taken-prisoner-by-Cilician-pirates-while-crossing-the-Aegean-Sea-c75-BC.jpg

[2] https://commons.wikimedia.org/wiki/File:RomanRepublic40BC.jpg

[3] https://commons.wikimedia.org/wiki/File:Cicero_Denounces_Catiline_in_the_Roman_Senate_by_Cesare_Maccari.png

[4] https://commons.wikimedia.org/wiki/File:CaesarRefusesTheDiademRidpathdrawing.jpg

[5] https://commons.wikimedia.org/wiki/File:Cleopatra_and_Caesar_by_Jean-Leon-Gerome.jpg

[6] Miguel Hermoso Cuesta, CC BY-SA 4.0 <https://creativecommons.org/licenses/by-sa/4.0>, vía Wikimedia Commons:
https://commons.wikimedia.org/wiki/File:Livia_y_Tiberio_M.A.N._01.JPG

[7] Classical Numismatic Group, Inc. http://www.cngcoins.com, CC BY-SA 2.5 <https://creativecommons.org/licenses/by-sa/2.5>, vía Wikimedia Commons:
https://commons.wikimedia.org/wiki/File:Caligula_sestertius_RIC_33_680999.jpg

[8] https://commons.wikimedia.org/wiki/File:Georges_Antoine_Rochegrosse_The_Death_of_Messalina_1916.jpg

[9] Carlos Delgado, CC BY-SA 3.0 <https://creativecommons.org/licenses/by-sa/3.0>, vía Wikimedia Commons: https://commons.wikimedia.org/wiki/File:Ner%C3%B3n_y_Agripina.jpg

[10] José Luiz Bernardes Ribeiro:
https://commons.wikimedia.org/wiki/File:Portrait_of_family_of_Septimius_Severus_-_Altes_Museum_-_Berlin_-_Germany_2017.jpg

[11] T8612, CC BY-SA 4.0 <https://creativecommons.org/licenses/by-sa/4.0>, vía Wikimedia Commons: https://commons.wikimedia.org/wiki/File:First_Servile_War_(135-132_BC).png

[12] https://commons.wikimedia.org/wiki/File:Mario_vincitore_dei_Cimbri.jpg

[13] https://commons.wikimedia.org/wiki/File:Tod_des_Spartacus_by_Hermann_Vogel.jpg

[14] *Fabien1309, CC BY-SA 2.0 FR <https://creativecommons.org/licenses/by-sa/2.0/fr/deed.en>, vía Wikimedia Commons: https://commons.wikimedia.org/wiki/File:Statue-vercingetorix-jaude-clermont.jpg*

[15] *Representación moderna de soldados romanos (legionarios), CC0, vía Wikimedia Commons: https://commons.wikimedia.org/wiki/File:Roman_holiday_birthplace_of_rome_roman_soldiers-883133.jpg!d.jpg*

[16] *Carole Raddato de FRANKFURT, Alemania, CC BY-SA 2.0 <https://creativecommons.org/licenses/by-sa/2.0>, vía Wikimedia Commons: https://commons.wikimedia.org/wiki/File:Statue_of_a_Gaulish_soldier_wearing_a_Celtic_torc_n ecklace,_Roman_clothes_and_holding_a_Gallic_shield,_most_likely_a_Gallic_aristocrat_recruit ed_into_the_Roman_auxiliaries,_Augustan_period_(50125723031).jpg*

[17] *Paul Walter, CC BY 2.0 <https://creativecommons.org/licenses/by/2.0>, vía Wikimedia Commons: https://commons.wikimedia.org/wiki/File:Boudica_statue,_Westminster_(8433726848).jpg*

[18] *Museo de Yorkshire, CC BY-SA 4.0 <https://creativecommons.org/licenses/by-sa/4.0>, vía Wikimedia Commons: https://commons.wikimedia.org/wiki/File:Fragment_of_Legio_IX_Hispana_Tablet _YORYM_1998_21.jpg*

[19] *https://commons.wikimedia.org/wiki/File:Vincenzo_Camuccini_-_La_morte_di_Cesare.jpg*

[20] *Homoatrox, CC BY-SA 4.0 <https://creativecommons.org/licenses/by-sa/4.0>, vía Wikimedia Commons: https://commons.wikimedia.org/wiki/File:Calig2en.png*

[21] *https://commons.wikimedia.org/wiki/File:The_Assassination_of_the_Emperor_Caligula.jpg*

[22] *https://commons.wikimedia.org/wiki/File:Robert,_Hubert_-_Incendie_%C3%A0_Rome_-.jpg*

[23] *https://commons.wikimedia.org/wiki/File:Marcus_Tullius_Cicero_dragged_from_his _litter_and_assassinated_by_soldiers_under_the_command_of_Marc_Antony_43_BCE.jpg*

[24] *https://commons.wikimedia.org/wiki/File:Fulvia_y_Marco_Antonio,_o_La_venganza_ de_Fulvia_(Museo_del_Prado).jpg*

[25] *https://commons.wikimedia.org/wiki/File:Ostia_Antica_Mithraeum.jpg*

[26] *https://commons.wikimedia.org/wiki/File:Neuenheimer_Mithraeum.jpg*

[27] *https://commons.wikimedia.org/wiki/File:Mosaic_museum_Istanbul_2007_011.jpg*

[28] *https://commons.wikimedia.org/wiki/File:Gladiators_from_the_Zliten_mosaic_3.JPG*

[29] *https://commons.wikimedia.org/wiki/File:Jean-Leon_Gerome_Pollice_Verso.jpg*

[30] *Pascal Radigue, CC BY-SA 3.0<https://creativecommons.org/licenses/by-sa/3.0>, vía Wikimedia Commons: https://commons.wikimedia.org/wiki/File:Plan_Rome_Caen_Circus_ Maximus_Colis%C3%A9e.jpg*

[31] *https://commons.wikimedia.org/wiki/File:Jean_L%C3%A9on_G%C3%A9r%C3%B4me_-_ _Chariot_Race_-_1983.380_-_Art_Institute_of_Chicago.jpg*

[32] *https://commons.wikimedia.org/wiki/File:Proclaiming_claudius_emperor.png*

[33] *Chris 73, CC BY-SA 3.0<https://creativecommons.org/licenses/by-sa/3.0>, vía Wikimedia Commons: https://commons.wikimedia.org/wiki/File:Aqua_Claudia_05.jpg*

[34] *my work, CC BY-SA 3.0<https://creativecommons.org/licenses/by-sa/3.0>, vía Wikimedia Commons: https://commons.wikimedia.org/wiki/File:Roman.Britain.campaigns.43.to.60.jpg*

[35] *https://commons.wikimedia.org/wiki/File:The_Emperor_Commodus_Leaving_the_Arena_at_the_Head_of_the_Gladiators_by_American_muralist_Edwin_Howland_Blashfield_(1848-1936)_01_(recortado).jpg*

[36] *Jofrey Rudel Marie-Lan Nguyen (Jastrow), CC0, vía Wikimedia Commons: https://commons.wikimedia.org/wiki/File:COMMODE_HERCULE.jpg*

[37] *Jean-Pierre Dalbéra de París, Francia, CC BY 2.0<https://creativecommons.org/licenses/by/2.0>, vía Wikimedia Commons: https://commons.wikimedia.org/wiki/File:La_place_des_corporations_(Ostia_Antica)_(5900530118).jpg*

[38] *https://commons.wikimedia.org/wiki/File:Death_of_Pompey_Magnus.jpg*

[39] *Carla Brain, CC BY-SA 2.0<https://creativecommons.org/licenses/by-sa/2.0>, vía Wikimedia Commons: https://commons.wikimedia.org/wiki/File:Temple_of_Jupiter_(2).jpg*

[40] *https://commons.wikimedia.org/wiki/File:Zeus_pompei.JPG*

[41] *Diliff, CC BY-SA 3.0<http://creativecommons.org/licenses/by-sa/3.0>, vía Wikimedia Commons: https://commons.wikimedia.org/wiki/File:Roman_Baths_in_Bath_Spa,_England_-_July_2006.jpg*

[42] *Qfl247, CC BY-SA 3.0<https://creativecommons.org/licenses/by-sa/3.0>, vía Wikimedia Commons: https://commons.wikimedia.org/wiki/File:Pompeii%26Vesuvius.JPG*

[43] *https://commons.wikimedia.org/wiki/File:Karl_Brullov_-_The_Last_Day_of_Pompeii_-_Google_Art_Project.jpg*

[44] *https://commons.wikimedia.org/wiki/File:Destruction_of_Pompeii_and_Herculaneum.jpg*

[45] *Lancevortex, CC BY-SA 3.0<http://creativecommons.org/licenses/by-sa/3.0>, vía Wikimedia Commons: https://commons.wikimedia.org/wiki/File:Pompeii_Garden_of_the_Fugitives_02.jpg*